Christian Eck, Marcel Langer, Matthias Riechert

EUREX

TITEL DER SIMPLIFIED-BUCHREIHE

Lawrence A. Cunningham
Value Investing – simplified

Pierre M. Daeubner
Alles was Sie über Technische Analyse wissen müssen – simplified

Ed Downs
Die besten Chartmuster – simplified

Christian Eck/Marcel Langer/Matthias Riechert
Eurex – simplified

Horst Fugger
Börsenlexikon – simplified

Horst Fugger
Derivatelexikon – simplified

Markus Gunter
Investmentfonds – simplified

Markus Jordan
Zertifikate – simplified

Jay Kaeppel
Die 4 größten Fehler beim Handel mit Optionen – simplified

John J. Murphy
Charttechnik leicht gemacht – simplified

Georg Pröbstl
Die besten Dividendenstrategien – simplified

Michael Proffe
Die besten Trendfolgestrategien – simplified

Udo Rettberg
Rohstoffe – simplified

Stefan Riße
CFDs – simplified

Daniel Wilhelmi
Emerging Markets – simplified

www.simplified.de

Christian Eck, Marcel Langer, Matthias Riechert

EUREX

Erfolgreich an der größten Terminbörse der Welt

FinanzBuch Verlag

simplified

Gesamtbearbeitung: Druckerei Joh. Walch
Lektorat: Dr. Renate Oettinger
Druck: Konrad Triltsch GmbH, Ochsenfurt

Frundsbergstraße 23
80634 München
Tel. 089 651285-0
Fax 089 652096
info@finanzbuchverlag.de

Den Autor erreichen Sie unter:
ecklangerriechert@finanzbuchverlag.de

Bibliografische Information der Deutschen Bibliothek: Die Deutsche Bibliothek verzeichnet diese Publikation in der Deutschen Nationalbibliografie; detaillierte bibliografische Daten sind im Internet über **http://dnb.ddb.de** abrufbar.

ISBN-10: 3-89879-193-9
ISBN-13: 978-3-89879-193-9

simplified

Inhalt

simplified

DIE SIMPLIFIED-BUCHREIHE
WWW.SIMPLIFIED.DE

EINE ZUSAMMENARBEIT VON FINANZBUCH VERLAG UND INVESTOR VERLAG

simplified

Einleitung

Beim Thema Derivate denken viele Investoren auch heute noch an die großen Skandale, wie beispielsweise den Fall der renommierten britischen Barings Bank, die von einem 28-jährigen, pausbäckigen Händler namens Nick Leeson innerhalb weniger Monate in den Ruin getrieben wurde, oder an den Zusammenbruch des Long Term Capital Management Hedge Funds im Jahr 1998, bei dem nur milliardenschwere Hilfszahlungen der US-Regierung und einer Reihe von Großbanken eine Krise des weltweiten Finanzsystems verhindern konnten.

Solche Fälle werden natürlich immer wieder gerne zitiert, um aufzuzeigen, dass es sich bei Derivaten um tickende Zeitbomben handelt, die dem Investor mehr schaden als nutzen. Bei einer objektiven Betrachtung der genannten Fälle wird jedoch deutlich, dass nicht die Derivate der Auslöser für diese Krisen waren, sondern schlicht und ergreifend Inkompetenz der verantwortlichen Manager in Verbindung mit einem quasi nicht vorhandenen Risikomanagement.

Aufgrund ihrer Funktionsweise und Auszahlungsprofile sind Derivate sicherlich komplexer als reine Aktieninvestments, doch gerade das ermöglicht es, mit diesen Finanzinnovationen in Situationen profitabel agieren zu können, in denen reine Aktien- oder Anleiheninvestoren keine andere Möglichkeit haben als zuzuschauen und auf bessere Zeiten zu warten:

Was macht ein Aktieninvestor beispielsweise in Zeiten fallender Kurse? Die Antwort ist: Nichts!

Was macht ein Aktionär, der davon ausgeht, dass sich die Kurse seiner Aktien in nächster Zeit kaum verändern werden? Die Antwort ist wieder: Nichts!

Was macht ein Aktieninvestor, wenn er von einer Aktie überzeugt ist, das notwendige Geld für dieses Investment aber erst in einem halben Jahr zur

Verfügung hat? Sie haben es sicherlich schon erraten: Er macht wieder nichts!

Ein Anleger hingegen, der weiß, wie Derivate funktionieren und wie man sie einsetzt, hätte in jedem dieser Fälle profitabel agieren können – und das, ohne übermäßige Risiken einzugehen.

Darüber hinaus stellt die Ansicht, dass Derivate hochspekulative Instrumente sind, die sich ausschließlich dazu eignen, mit großem Risiko zu »wetten«, eine grobe Verzerrung der Realität dar. Bereits im Alten Rom wurden die ersten Derivate gehandelt. Bauern benutzten so genannte Forward-Kontrakte, um ihre Ernte bereits frühzeitig zu verkaufen und so ihrer Familie ein sicheres und abschätzbares Einkommen zu gewährleisten. Von gewagter Spekulation kann in diesem Fall wohl nicht die Rede sein. Auch heute, in einer Zeit, in der das Volumen aller gehandelten Derivate jährlich mehrere Billionen US-Dollar beträgt, wird nur ein verschwindend geringer Prozentsatz dieser Summe dazu verwendet, mit großem Risiko zu spekulieren. Die meisten Transaktionen im Bereich der Derivate werden durchgeführt, um sich gegen Risiken abzusichern beziehungsweise diese Risiken auf Marktteilnehmer zu übertragen, die sie übernehmen wollen oder die besser damit umgehen können.

Auch als Privatanleger kann man die Vorzüge von Derivaten nutzen, um sein Depot gegen Kursschwankungen abzusichern, attraktive Renditen in Marktphasen zu erzielen, in denen es reine Aktien- oder Anleiheninvestoren nicht können, und sein Portfolio ganz gezielt nach der eigenen Markterwartung auszurichten. Die Kapitalmärkte der zurückliegenden zehn Jahre waren geprägt von einer Schwankungsbreite, wie sie vorher noch nie da gewesen war. Nach dem rasanten Anstieg der Aktienkurse Ende der 90er-Jahre fielen die Notierungen in den darauf folgenden Jahren noch schneller, als sie gestiegen waren, und ließen jede Menge frustrierte Investoren zurück, die dem Aktienmarkt ein für allemal abschworen. Seit Mitte des Jahres 2003 erholt sich der Aktienmarkt nun wieder, aber es bleibt abzuwarten, wie diese Entwicklung in den kommenden Jahren weitergeht. Ein Anleger, der weiß, wie er Derivate zu seinem Vorteil einsetzt, kann dieser Entwicklung in jedem Fall beruhigt entgegensehen, denn er hat das Rüstzeug, das erforderlich ist, um in jeder Marktphase attraktive Renditen zu erzielen – unabhängig davon, ob die Kurse steigen, fallen oder auf der Stelle treten.

Genau dieses Rüstzeug will Ihnen das vorliegende Buch vermitteln. Es führt den Leser in die Welt der EUREX ein, erklärt, was die EUREX ist, wie die Produkte funktionieren, die dort gehandelt werden, und wie man sie profitabel einsetzt. Die meisten Menschen, die sich zum ersten Mal mit dieser Materie befassen, haben Probleme, sich an das »Um-die-Ecke-Denken« zu gewöhnen, das bei Derivaten oft nötig ist, um sie zu verstehen. Dieses Buch führt Sie Schritt für Schritt an diese Denkweise heran und verwendet eine Fülle von Beispielen, mit deren Hilfe Sie die Umsetzung des Gelernten in der Praxis besser nachvollziehen können. Sollten Sie einmal etwas nicht auf Anhieb verstanden haben, so ist das kein Grund, frustriert aufzugeben. Lesen Sie den betreffenden Abschnitt nochmal, machen Sie sich Notizen oder überspringen diesen Abschnitt, um dann später noch einmal dorthin zurückzukehren. Auch die Autoren dieses Buches haben einmal angefangen, sich in die Materie einzuarbeiten, und sich dabei wahrscheinlich genau die gleichen Fragen gestellt wie Sie.

Wir wünschen Ihnen viel Spaß bei der Lektüre dieses Buches und würden uns über Ihr anschließendes Feedback sehr freuen.

Ihr Autorenteam

Was ist die EUREX?

Die EUREX ist ein Gemeinschaftsunternehmen der Deutschen Börse AG und der Schweizer Börse SWX. Im Mai 1998 vereinigten diese beiden Unternehmen ihre Terminbörsen DTB (Deutsche Termin Börse) und SOFFEX (Swiss Options and Financial Futures Exchange) zur neu gegründeten EUREX.

Innerhalb weniger Jahre stieg diese Börse zur größten Terminbörse weltweit auf; sie überragt heute die Konkurrenten in New York und Chicago in Bezug auf die Anzahl der dort gehandelten Kontrakte deutlich.

Da es sich bei der EUREX um eine so genannte Terminbörse handelt, werden dort keine Anleihen oder Aktien gehandelt, sondern ausschließlich Termingeschäfte. Die wichtigsten Termingeschäfte sind Optionen und Futures. Wie diese Produkte funktionieren, werden wir im Verlauf dieses Buches noch ausführlich beleuchten.

Die EUREX wird auch oft mit der EUWAX verwechselt, obwohl es sich hierbei um zwei völlig verschiedene Institutionen handelt: An der EUWAX, die zur Stuttgarter Börse gehört, werden hauptsächlich Optionsscheine und Zertifikate für Privatanleger gehandelt. Auch diese Produkte beinhalten oft eine derivative Komponente wie zum Beispiel bei Discount- oder Bonuszertifikaten, und daher fällt eine Verwechselung von EUREX und EUWAX sehr leicht. Die EUREX jedoch richtet sich primär an professionelle und institutionelle Investoren. Die Zugangsmöglichkeiten für Privatinvestoren haben sich allerdings in den vergangenen Jahren deutlich verbessert, sodass auch diese Anleger immer öfter an der EUREX agieren. Grund dafür ist die Tatsache, dass an der EUREX gehandelte Optionen und Futures einige deutliche Vorteile gegenüber Optionsscheinen und Zertifikaten aufweisen, die wir im Verlauf des Buches noch näher erläutern werden.

Die Tatsache, dass beim Kauf von Options- und Futures-Kontrakten oft nicht der volle Betrag, sondern nur ein Bruchteil davon gezahlt werden muss, macht es notwendig, dass sich die EUREX auch bei der Abwicklung von Transaktionen deutlich von herkömmlichen Börsen wie zum Beispiel der EUWAX unterscheidet. Privaten Investoren ist der direkte Zugang zur EUREX grundsätzlich nicht möglich. Nur finanzstarken Banken oder anderen institutionellen Investoren ist die direkte Anbindung an das elektronische EUREX-System erlaubt. Diese wickeln dann sowohl ihre eigenen als auch die Orders ihrer Kunden unter eigenem Namen ab und bürgen der EUREX gegenüber für die Bonität ihrer Kunden. Führt Ihre Bank als Mitglied der EUREX beispielsweise für Sie einen Auftrag aus, und Sie können den sich daraus ergebenden Zahlungsverpflichtungen nicht nachkommen, so werden nicht Sie, sondern Ihre Bank von der EUREX zum Ausgleich der Verbindlichkeiten aufgefordert.

Darüber hinaus agiert die EUREX nicht nur als Abwickler der Transaktion, sondern tritt sowohl dem Käufer als auch dem Verkäufer eines Kontraktes gegenüber als Transaktionspartner auf. Verkauft Investor X beispielsweise einen Kontrakt an Investor Y, so sehen die zugrunde liegenden vertraglichen Zusammenhänge wie folgt aus: Investor X verkauft den Kontrakt an die EUREX, die wiederum den Kontrakt dann an Investor Y weiterverkauft.

Dieses Prinzip hat sich in der Vergangenheit aus mehreren Gründen bewährt: Zum einen ermöglicht es der EUREX jederzeit die volle Kontrolle über die Bonität ihrer Mitglieder. Nach Handelsschluss werden alle offenen Positionen an der EUREX automatisch bewertet und alle fälligen Gutschriften oder Belastungen vorgenommen. Diese tägliche Bewertung wird auch als Mark-to-Market bezeichnet; sie setzt die so genannten Margins fest, auf die noch genauer eingegangen wird. Ist einer der angeschlossenen Teilnehmer nicht in der Lage, etwaige Belastungen seines Kontos bei der EUREX zu begleichen, werden alle seine Positionen von der EUREX zwangsweise geschlossen, um mögliche Zahlungsausfälle so gering wie möglich zu halten.

Dies führt dazu, dass Teilnehmer der EUREX jederzeit sicher sein können, ihnen zustehende Zahlungen auch zu erhalten, und dass eine Kettenreaktion durch die Insolvenz eines großen Handelspartners der EUREX weitestgehend ausgeschlossen ist.

Eine weitere Besonderheit, die die EUREX von anderen Börsen unterscheidet, ist das so genannte Market-Maker-Prinzip. Eine Handelsplattform ist nur dann erfolgreich und zieht Handelsvolumen an, wenn ständige Liquidität gegeben ist. Um diese Liquidität zu allen Zeiten sicherzustellen, gibt es an der EUREX Market Maker. Dies sind Händler, meist von internationalen Investmentbanken, die sich dazu verpflichten, auf Anfrage jederzeit An- und Verkaufskurse für eines oder mehrere an der EUREX gehandelten Produkte zu stellen. Möchten Sie als Anleger nun einen Kontrakt handeln, in dem Sie auf Anhieb keinen geeigneten Handelspartner finden, so wird der Händler, der Ihren Auftrag ausführt, einen so genannten Quote Request in das vollständig elektronische Handelssystem der EUREX eingeben. Dieser Quote Request taucht dann bei allen als Market Maker für dieses Produkt registrierten Händlern auf dem Monitor auf, und diese sind dann dazu verpflichtet, innerhalb einer bestimmten Zeit einen verbindlichen An- und Verkaufskurs für diesen Kontrakt in das System einzugeben, auf den Sie als Kunde dann handeln können. In der Regel werden Quote Requests heutzutage vollautomatisch von Computern beantwortet, die aufgrund diverser, von den Händlern eingegebener Parameter zu jedem Zeitpunkt den fairen Wert des Produktes errechnen und dementsprechende Kurse stellen.

Nachdem wir nun wissen, was die EUREX ist und wie sie funktioniert, widmen wir uns den an der EUREX gehandelten Produkten, nämlich Futures und Optionen.

simplified

Futures und Forwards

Was ist ein Forward?

Schaut man in Finanzlexika oder Lehrbücher, so findet sich bei der Definition eines Futures beziehungsweise Forwards oft diese oder eine ähnlich lautende Erklärung:

Ein Future/Forward ist ein für beide Seiten verbindliches Rechtsgeschäft, indem sich der Käufer (Verkäufer) des Futures/Forwards dazu verpflichtet, einen genau bestimmten Vertragsgegenstand in einer bestimmten Menge und Qualität zu einem festgelegten Termin in der Zukunft zu einem bereits bei Vertragsabschluss festgelegten Preis zu kaufen (verkaufen).

Wem diese Definition zu kompliziert ist, der kann beruhigt sein, es geht nämlich auch viel einfacher. Jeder Mensch schließt im Laufe der Zeit zahlreiche dieser Future- oder auch Forward-Geschäfte ab, ohne sich dessen bewusst zu sein.

An dieser Stelle sei kurz erwähnt, dass ein Future und ein Forward im Prinzip und vom theoretischen Ansatz her genau das Gleiche sind. Einen kleinen Unterschied zwischen diesen beiden Bezeichnungen gibt es jedoch; auf ihn gehen wir etwas später noch detaillierter ein. Um Verwirrung zu vermeiden, wird im Folgenden ausschließlich der Begriff Forward verwendet.

Der Autokauf als Forward-Geschäft

Fangen wir mit einem einfachen Beispiel an. Wenn Sie sich einen Neuwagen kaufen, so liegen Vertragsabschluss einerseits und Bezahlung sowie Lieferung des Wagens andererseits in der Regel einige Wochen oder sogar Monate auseinander. Wir gehen in diesem Beispiel davon aus, dass Sie keine Anzahlung leisten, sondern den vollen Kaufpreis bei

Lieferung des Wagens bezahlen. Bei Unterschrift des Kaufvertrages verpflichten Sie sich als Käufer dazu, den von Ihnen ausgewählten Wagen mit den festgelegten Ausstattungsmerkmalen zu dem im Kaufvertrag festgelegten Preis zu kaufen, und der Händler verpflichtet sich, Ihnen genau dieses Fahrzeug zum festgelegten Preis zu verkaufen. Der Vertrag ist bereits heute für beide Seiten verbindlich, aber sowohl das Auto als auch der Kaufpreis wechseln erst in einiger Zeit den Besitzer. Genau das ist ein Forward-Kontrakt.

Spinnen wir diesen Gedanken noch ein bisschen weiter. Nehmen wir an, bei Vertragsabschluss legen Sie mit Ihrem Händler einen Kaufpreis von 10.000 Euro fest. In der Zeit, in der Sie nun auf die Lieferung des Wagens warten, erhöht der Hersteller aufgrund der Verteuerung von Rohstahl den Preis Ihres Wagens auf 11.000 Euro. Stört Sie das? Nein, denn Ihr Kaufpreis ist bereits festgelegt, und eine Erhöhung des Preises hat für Sie keine Auswirkungen. Umgekehrtes gilt in diesem Fall für den Händler. Er wird sicherlich wenig begeistert sein, dass er den Wagen für 10.000 Euro an Sie verkaufen muss, obwohl er mittlerweile 11.000 Euro kostet. Aber auch er ist an den Vertrag gebunden und hat auf den von Ihnen zu zahlenden Kaufpreis keinen Einfluss mehr.

Genau umgekehrt ist es, wenn sich der Hersteller des Wagens dazu entschließt, den Preis des Wagens auf 9.000 Euro zu senken, um den Verkauf des Modells anzukurbeln. In diesem Fall sind Sie der Benachteiligte, der die vereinbarten 10.000 Euro zahlen muss, obwohl der Wagen mittlerweile billiger ist, und der Händler freut sich, den Wagen zu einem höheren als dem jetzt gültigen Preis an Sie verkauft zu haben.

Wir sehen, dass bei einem Forward der Abschluss des Geschäftes sofort und für beide Parteien bindend erfolgt, die Erfüllung jedoch erst in der Zukunft stattfindet. Die Tatsache, dass beide Parteien an die Erfüllung des Vertrages gebunden sind, ist eines der wichtigsten Merkmale eines Forwards und unterscheidet ihn auch grundlegend von Optionen.

Zusammenfassend lässt sich an dieser Stelle also sagen, dass der Kauf eines Forwards dann Sinn macht, wenn von künftigen Preiserhöhungen ausgegangen wird oder wenn man sich einen bereits heute bekannten, künftigen Bedarf sichern möchte. Genau umgekehrt ist es beim Verkäufer eines Forwards: Er rechnet entweder mit fallenden Kursen oder möchte den späteren Verkauf eines Gutes bereits jetzt zu einem festgelegten Preis absichern.

Die Preisbildung eines Forwards

Nachdem Sie nun mit den elementaren Grundzügen eines Forwards vertraut sind, stellt sich die Frage, wie denn der Preis eines solchen Forward-Kontraktes zu Stande kommt. Viele Anleger, die sich noch nicht eingehend mit dieser Thematik beschäftigt haben, glauben, dass sich der Forward- oder Future-Preis aus der allgemeinen Meinung über den künftigen Stand des Index oder einer Aktie ergibt. Dies ist jedoch nicht so. Um dies zu verdeutlichen, bedienen wir uns wieder eines fachfremden Beispiels, das die Preisbildung eines Forwards anschaulich darstellt.

Viehhandel als Termingeschäft

Stellen Sie sich vor, Sie sind Landwirt und erwägen den sofortigen Verkauf einer Kuh zu einem Preis von 1.000 Euro. Auf einer Viehauktion finden Sie auch einen anderen Bauern, der bereit ist, diese Kuh zu kaufen. Er hat nur das Problem, dass er erst in einem Jahr die dafür notwendigen Mittel beisammen hat. Da Ihnen dieser Kaufinteressent sehr sympathisch ist, gehen Sie auf seine Bitte ein und vereinbaren ein Forward-Geschäft, bei dem bereits heute ein Preis verhandelt wird, das Geld und die Kuh aber erst in einem Jahr den Besitzer wechseln. Die Frage, die sich jetzt stellt, ist die, zu welchem Preis Sie die Kuh verkaufen. Zuerst denken Sie, das die von Ihnen geforderten 1.000 Euro ein fairer Preis wären, dann fällt Ihnen jedoch auf, das die Tatsache, dass das Geschäft erst in einem Jahr abgewickelt wird, für Sie einige negative finanzielle Konsequenzen hat. Eine Kuh verursacht natürlich Unterhaltskosten, und diese Kosten haben Sie zu tragen, solange die Kuh bei Ihnen im Stall steht. Würden Sie die Kuh sofort gegen den Kaufpreis tauschen, hätten Sie diese Kosten nicht. Sie setzen sich also noch einmal mit Ihrem Geschäftspartner zusammen und erklären ihm, dass er, wenn er die Kuh erst in einem Jahr abholt und bezahlt, mehr dafür zahlen muss, als wenn das Geschäft sofort abgewickelt würde, da Sie natürlich die Ihnen entstehenden Mehrkosten erstattet haben möchten. Nach einiger Überlegung stimmt Ihr Gegenüber zähneknirschend zu, und Sie einigen sich darauf, das er zusätzlich zu den 1.000 Euro noch die für ein Jahr anfallenden Unterhaltskosten der Kuh von 200 Euro zu zahlen hat, woraus sich ein neuer Forward-Preis von 1.200 Euro ergibt. Zufrieden mit sich und der Welt verlassen Sie gerade den Hof Ihres Geschäftspartner, als dieser Ihnen nachruft, Sie möchten doch bitte nochmal zurückkommen, ihm sei da noch etwas eingefallen. Sie gehen also zurück und setzen sich mit Ihrem Vertragspartner zusammen, der Ihnen Folgendes eröffnet.

Es stimme zwar, dass Sie durch den Forward-Charakter des Geschäftes die Unterhaltskosten für ein Jahr zu zahlen haben, aber auf der anderen Seite verursacht so eine Kuh ja nicht nur Kosten, sondern auch Erträge in Form von Milch, die Sie ja während des kommenden Jahres noch für sich beanspruchen können. Da Sie beide erfahrene Landwirte sind, wissen Sie, dass die Kuh, über deren Verkauf verhandelt wird, im nächsten Jahr Milch im Wert von 300 Euro produzieren wird. Diese 300 Euro, so Ihr Gegenüber, müssen dann wiederum vom Preis von 1.200 Euro abgezogen werden, um auf einen fairen Forward-Preis zu kommen, und deshalb sollte man sich doch auf einen Preis von 900 Euro einigen. Obwohl Ihnen dieser Gedanke gar nicht gefällt, müssen Sie zugeben, das Ihr Gegenüber recht hat, und willigen ein, die Kuh, die Sie heute für 1.000 Euro verkauft hätten, für 900 Euro auf Termin zu verkaufen, da die Erträge der Kuh im laufenden Jahr größer sind als Ihre Unterhaltskosten und so der Preis der Kuh bei einem Forward mit einem Jahr Laufzeit niedriger ist als heute.

Fassen wir also noch einmal zusammen:

Preis der Kuh heute	1.000 Euro
+ Kosten für den Unterhalt für ein Jahr	200 Euro
– Ertrag, den die Kuh Ihnen im Laufe des Jahres einbringt	300 Euro
Forward-Preis der Kuh in einem Jahr	900 Euro

Wie Sie sehen, hatten Spekulationen über den tatsächlichen Marktpreis der Kuh in einem Jahr überhaupt keinen Einfluss auf die Preisgestaltung des Forwards, sondern ausschließlich der heutige Preis, der in der Finanzwelt auch als Kassapreis bezeichnet wird, sowie die zu erwartenden Kosten und Erträge des Objektes über die Laufzeit des Forward-Kontraktes. Die Summe aus Kosten und Erträgen bei einem Forward nennt man Cost of Carry. Diese

Cost of Carry ist positiv, wenn die Kosten während der Laufzeit des Forwards höher sind als die Erträge, und negativ, wenn die Erträge größer sind als die entstehenden Kosten.

Ein Forward auf Aktien

Übertragen wir dieses Beispiel nun auf die Welt der Aktien. Stellen Sie sich vor, Sie sind Besitzer einer Aktie der Backmann AG. Diese Aktie handelt zurzeit bei genau 100 Euro, und Sie spielen mit dem Gedanken, sie mit Hilfe eines Forward-Kontraktes in genau einem Jahr zu verkaufen. Genauso wie in unserem vorherigen Beispiel ergibt sich der Forward-Kurs der Aktie in einem Jahr ausschließlich aus dem heutigen Kassapreis der Aktie sowie den zu erwartenden Kosten und Erträgen innerhalb des nächsten Jahres. Kosten würden den Forward-Preis erhöhen, Erträge würden ihn senken.

Was fallen nun für Kosten an, wenn Sie die Aktie nicht heute, sondern erst in einem Jahr verkaufen? Die Antwort ist einfach: In diesem Fall entgeht Ihnen ein Zinsgewinn. Angenommen, Sie würden die Aktie heute für einen Preis von 100 Euro verkaufen, so könnten Sie diese 100 Euro sofort in eine sichere Anlage wie zum Beispiel eine Anleihe des deutschen Staates investieren und so über das kommende Jahr Zinserträge generieren. Da wir bei einem Forward das Geld aber erst in einem Jahr bekommen, entgeht uns diese Chance. Für Sie in der Rolle des Verkäufers der Aktie ist dieser Zinsverlust also ein Kostenfaktor, den Sie auf den Kassapreis der Aktie aufschlagen werden. Angenommen, der Zinssatz für eine risikolose Anlage in Bundeswertpapieren für ein Jahr liegt zurzeit bei fünf Prozent pro Jahr, so entgehen Ihnen:

Kosten: 100 Euro x 5% = 5 Euro

Diese Kosten würden Sie auf den Kassakurs der Backmann-AG-Aktie aufschlagen und hätten einen Forward-Kurs von 105 Euro.

Was Sie bisher noch nicht berücksichtigt haben, sind jedoch die Erträge, die Sie erzielen, da Sie die Aktie nicht sofort, sondern erst in einem Jahr verkaufen werden. Aktien produzieren in der Regel nur eine Form von Erträgen, nämlich Dividendenzahlungen. Nehmen wir an, die Backmann AG zahlt eine Dividende in Höhe von drei Euro im Laufe des kommenden Jahres. Genauso wie bei dem Beispiel mit der Kuh verringern künftige Erträge die Höhe des Forward-Preises. In diesem Fall müssen Sie die drei Euro also vom Kassapreis abziehen. Dies ergibt dann folgende Berechnung:

Kassakurs der Backmann-AG-Aktien	100 Euro
+ Kosten während der Laufzeit (Zinsverlust)	5 Euro
– Erträge während der Laufzeit (Dividende)	3 Euro
Forward-Preis für ein Jahr	102 Euro

Wie Sie sehen, ist in diesem Fall der Forward-Preis höher als der Kassapreis. Dies ist völlig normal, muss aber auch nicht sein. Ob der Forward-Preis eines Investments über oder unter dem Kassakurs liegt, ist einzig und allein abhängig von der Cost of Carry. Diese Cost of Cary ist auch nicht immer gleich, sondern schwankt gemeinsam mit Dividendenzahlungen und Veränderungen der Zinssätze.

Wichtig ist, das auch in diesem Beispiel Kursprognosen über den künftigen Kursverlauf der Aktie absolut keine Rolle bei der Bestimmung des fairen Forward-Preises gespielt haben, sondern einzig und allein der Kassakurs sowie die Cost of Carry.

Bisher haben Sie diese Berechnungen immer aus Sicht des Verkäufers des Forward-Kontraktes betrachtet. Der Vollständigkeit halber sollten Sie dies nun auch mal aus Sicht des Käufers machen; nehmen Sie wieder das gleiche Beispiel der Backmann AG.

Der Käufer des Forward-Kontraktes hat einen Vorteil insofern, als er die 100 Euro für die Aktie nicht jetzt, sondern erst in einem Jahr zahlen muss. Das gibt ihm die Möglichkeit, diese 100 Euro risikolos zu fünf Prozent anzulegen, und bringt ihm einen zusätzlichen Ertrag von fünf Euro. Diesen Ertrag muss er natürlich in Form eines erhöhten Forward-Preises an den Verkäufer der Aktie weitergeben, da diese Transaktion sonst, insbesondere bei Aktien, die keine Dividenden zahlen, einer Geldmaschine gleichkäme. Da der Käufer der Aktie diese nicht sofort, sondern erst in einem Jahr in sein Portfolio eingebucht bekommt, entgeht ihm allerdings die Dividende. Diesen Nachteil lässt er sich seinerseits natürlich vom Verkäufer der Aktie bezahlen, und zwar in Form eines niedrigeren Forward-Preises. Auch hier ergibt sich die gleiche Berechnung:

Kassakurs der Backmann-AG-Aktien	100 Euro
+ weiterzugebender Zinsgewinn	5 Euro
– fehlende Erträge während der Laufzeit (Dividende)	3 Euro
Forward-Preis für ein Jahr	102 Euro

Das Ergebnis dieser Berechnung aus Sicht des Käufers ist das gleiche wie das aus der Sicht des Verkäufers: Der Terminkurs der Backmann-AG-Aktie für ein Jahr liegt bei 102 Euro. Die durch die Cost of Carry bedingte Differenz zwischen Terminkurs und Kassapreis wird auch Basis genannt. In diesem Fall ist sie positiv und beträgt zwei Euro.

Veränderung der Basis im Lauf der Zeit

Wie verändert sich diese Basis wohl im Laufe des nächsten Jahres? Um sich dies zu verdeutlichen, stellen Sie sich vor, das Jahr ist fast abgelaufen, und Sie befinden sich genau einen Tag vor der Fälligkeit des Forwards und damit dem Austausch von Geld und Aktie. Um die Berechnung zu vereinfachen, nehmen Sie an, der Kurs der Backmann-AG-Aktie hat sich im Laufe des Jahres nicht verändert und steht immer noch bei 100 Euro. Aus Sicht des Verkäufers ergibt sich folgendes Bild:

Kassakurs der Backmann-AG-Aktien	100,00 Euro
+ Kosten während der Laufzeit (Zinsverlust) (für noch einen Tag)	0,01 Euro
– Erträge während der Laufzeit (Dividende) (es wird bis zur Fälligkeit in einem Tag keine Dividende mehr gezahlt)	0,00 Euro
Forward-Preis für einen Tag	100,01 Euro

Sie sehen, im Laufe des Jahres ist die Basis von zwei Euro auf 0,01 Euro gesunken. Dies ist nachvollziehbar: Sowohl die Kosten als auch die Erträge der Aktie werden für die verbleibende Restlaufzeit des Forwards immer geringer, bis sie im Moment der Fälligkeit des Forwards beide Null sind. Es lässt sich also folgende Aussage treffen. Egal ob ein Investment eine positive oder negative Cost of Carry hat, im Laufe der Zeit tendiert diese Cost of Carry und damit auch die Basis zu Null, sodass bei Fälligkeit eines Forwards der Forward-Preis gleich dem Kassakurs ist.

Genau dieser Ablauf wird deutlich, wenn man sich die Tagesschlussstände des DAX-Futures mit Fälligkeit Juni 2006 in der Zeit von September 2005 bis März 2006 im Vergleich zum DAX Index anschaut.

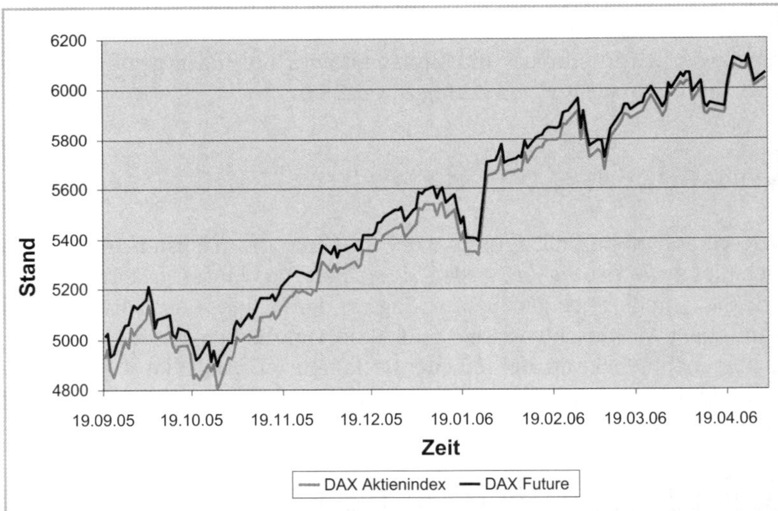

Abbildung 1

Im Laufe der Zeit wird die Differenz zwischen Index und Future immer geringer. Bei Fälligkeit im Juni 2006 wird sie dann Null betragen.

Arbitrage – Die magische Hand des Marktes

Nachdem Sie nun wissen, wie sich der faire Wert eines Forwards errechnet, können Sie sich die Frage stellen, was passiert, wenn ein Forward zu einem Preis angeboten wird, der vom fairen Wert deutlich abweicht. Die Antwort ist einfach: In diesem Fall können schlaue Investoren einen risikolosen Profit einstreichen. Wie das funktioniert, schauen wir uns im folgenden Beispiel an.

Ein Bekannter erzählt Ihnen, dass er von der Aktie der Schmeil AG sehr überzeugt ist, aber leider zurzeit nicht über ausreichende liquide Mittel verfügt, um ein Investment zu tätigen. Erst in einem Jahr wird die Auszahlung einer Lebensversicherung erwartet, die Ihr Bekannter dann in Aktien der Schmeil AG investieren will. Diese Aktie handelt zurzeit bei 30 Euro, und sie schüttet im kommenden Jahr eine Dividende in Höhe von einem Euro aus. Da Ihr Bekannter davon ausgeht, dass sich der Kurs der Schmeil AG im kommenden Jahr auf mindestens 50 Euro erhöht, ist er sogar bereit, heute 35 Euro für einen Forward-Kauf der Aktie mit Fälligkeit in genau einem Jahr zu bezahlen. Nach der Lektüre dieses Buches sind Sie bereits ein Profi auf dem Gebiet der Preisermittlung für Forwards und stellen folgende Rechnung auf:

Da Sie die Aktie der Schmeil AG noch nicht besitzen, müssen Sie diese Aktie zuerst einmal kaufen. Diesen Kauf finanzieren Sie über Ihren Dispositionskredit, der mit sieben Prozent verzinst wird. Im Gegensatz zu Banken und institutionellen Anbietern ist für Privatinvestoren der Unterschied zwischen Anlagezinssatz und Kreditzinssatz relativ hoch. Während es bei großen Banken oft nur Hundertstel- oder Tausendstel-Prozent sind, um die sich Anlage- und Kreditzins unterscheiden, sind das bei Privatinvestoren oft fünf Prozent oder mehr. Diese Differenz müssen Sie bei Ihren Berechnungen berücksichtigen, bei Händlern von Banken spielen sie in der Regel nur eine untergeordnete Rolle, und der Anlagezins wird gleich dem Kreditzins gesetzt.

Zurück zu Ihrer Rechnung. Sie kaufen die Aktie der Schmeil AG zu 30 Euro und finanzieren den Kauf für ein Jahr über Ihren Dispositionskredit, der mit sieben Prozent verzinst wird. Die während des Jahres erwartete Dividende von einem Euro fließt Ihnen zu, da Sie die Aktie ja erst in einem Jahr an Ihren Bekannten abgeben. Dies ergibt folgenden theoretischen Forward-Preis:

Kassakurs der Schmeil-AG-Aktien	30,00 Euro
+ Kosten während der Laufzeit (Kreditkosten)	2,10 Euro
– Erträge während der Laufzeit (Dividende)	1,00 Euro
Forward-Preis für ein Jahr	31,10 Euro

Wenn Ihr Bekannter die Aktien im Zuge eines Forward-Geschäftes mit Laufzeit von einem Jahr von Ihnen für 35 Euro kauft, machen Sie pro Aktie einen Gewinn von 3,90 Euro, denn der von Ihnen berechnete faire Preis des Forwards liegt bei 31,10 Euro. Dass dieser Gewinn tatsächlich erzielt wird, zeigt sich, wenn wir Ihre Auszahlungen den Einnahmen gegenüberstellen:

Kauf der Schmeil-AG-Aktien	-30,00 Euro
Finanzierungskosten für den Aktienkauf	-2,10 Euro
Dividendenertrag	1,00 Euro
Verkauf der Aktie über den Forward in einem Jahr	35,00 Euro
Gewinn/Verlust	3,90 Euro

Bewegungen des Aktienkurses während der Laufzeit des Forwards sind für Sie nicht relevant, denn die von Ihnen für 30 Euro gekaufte Aktie haben Sie bereits für 35 Euro verkauft. Sie erinnern sich an die Tatsache, dass ein Forward-Geschäft eine für beide Seiten bindende Transaktion ist und Ihr Bekannter die Aktie in jedem Fall von Ihnen für 35 Euro kaufen muss, auch wenn sie in einem Jahr an der Börse zu 25 Euro zu haben wäre. Diese Form der Arbitrage wird auch Cash-and-Carry-Arbitrage genannt.

Fassen wir das Gelernte noch einmal zusammen. Wenn man als Investor in der Lage ist, ein Investment zu einem Preis zu verkaufen, der über dem fairen Forward-Preis liegt, so erzielt man einen risikolosen Arbitragegewinn, wenn man im Moment des Vertragsabschlusses das zugrunde liegende Wertpapier kauft und es bis zur Fälligkeit des Forward-Vertrages in seinem Depot behält.

Investoren können also bei zu hohen Forward-Preisen risikolose Gewinne erzielen. Können Sie das auch bei zu niedrigen Forward-Preisen? Die Antwort lautet, frei nach Radio Eriwan: »Im Prinzip schon!«

Exkurs – Shortselling

Um dies zu verdeutlichen, müssen wir zuerst einmal vom Thema Forward-Berechnung abschweifen und uns dem so genannten Shortsellig widmen. Anleger, die hiermit schon vertraut sind, können den folgenden Abschnitt getrost überspringen.

Ein Hedge-Fonds-Manager hat einmal gesagt: »Aktien muss man billig kaufen und teuer verkaufen – in welcher Reihenfolge man das tut, ist völlig egal!« Was er damit sagen wollte, ist Folgendes: Ob Sie zuerst eine Aktie billig einkaufen und dann teuer verkaufen, oder ob Sie sie zuerst teuer verkaufen und dann billig einkaufen, macht keinen Unterschied. Wie können Sie aber etwas teuer verkaufen, das Sie noch gar nicht besitzen?

Professionelle Investoren haben durchaus diese Möglichkeit, und zwar durch Shortselling, das in Deutschland auch oft mit dem Begriff Leerverkauf bezeichnet wird. Sie verkaufen ein Wertpapier, das sie gar nicht in ihrem Depot haben, an der Börse. Natürlich müssen sie dieses Papier dem Käufer nach Abschluss des Geschäftes liefern. Um dazu in der Lage zu sein, leihen sie sich das Papier bei einem Investor, der es in seinem Depot hat und in absehbarer Zeit selber nicht verkaufen möchte, und zahlen diesem dafür eine Leihgebühr. Oft sind es große Versicherungen oder Investmentfonds, die ihre Investments in der Regel nur im Wochen- oder Monatsrhythmus umschichten und in der Zwischenzeit durch das Verleihen ihrer Wertpapiere einen Zusatzertrag generieren können. Fällt der Wert des Wertpapiers wie erwartet, kauft es der Leerverkäufer später zu einem geringeren Kurs wieder zurück und gibt es an den Verleiher weiter. Die Differenz zwischen Verkaufs- und Kaufpreis des Papiers abzüglich der Leihgebühr ist dann sein Gewinn.

Wir halten also fest, dass es möglich ist, Wertpapiere zu verkaufen, die man gar nicht besitzt. Diese Möglichkeit haben in der Praxis zumindest in Europa fast nur professionelle Marktteilnehmer. Einige Broker, die sich auf vermögende Privatkunden spezialisiert haben, ermöglichen dies auch für Privatkunden; diese Fälle sind jedoch sehr selten. In den USA oder in Großbritannien ist es allerdings auch für Privatleute ohne größere Schwierigkeiten möglich, Wertpapiere leerzuverkaufen. Wenn Sie sich im späteren Verlauf dieses Buches mit Optionen beschäftigen, werden Sie jedoch sehen, dass man auch mit Hilfe von Optionen eine Position eingehen kann, die sich exakt so verhält wie eine leerverkaufte Aktie.

Free Lunch bei falschen Forward-Preisen

Nun aber zurück zu unserem Forward. Ein anderer Bekannter ist stolzer Besitzer von Aktien der Karow AG, die er vor drei Monaten für 60 Euro gekauft hat und die mittlerweile bei 90 Euro handeln. Mit seinen 50 Prozent Gewinn ist er eigentlich schon sehr zufrieden, möchte die Aktien aber noch nicht verkaufen, um zu verhindern, dass er die entstandenen Kursgewinne versteuern muss. Erst wenn er die Aktien länger als ein Jahr hält, sind die Kursgewinne steuerfrei. Da er sich auch schon einmal am Rande mit Derivaten beschäftigt hat, schlägt er Ihnen ein Forward-Geschäft vor, um seine Aktien in neun Monaten zu einem bereits jetzt vereinbarten Preis an Sie zu verkaufen und so einerseits seine Gewinne zu sichern und andererseits die Spekulationsfrist von einem Jahr zu umgehen. Als Verkaufspreis schlägt er den zurzeit gehandelten Preis von 90 Euro vor. Machen Sie das Geschäft?

Um dies beurteilen zu können, brauchen Sie erst einmal ein paar weitere Informationen. Nehmen wir an, es gelten die folgenden Marktbedingungen:

Anlagezinssatz:	5% pro Jahr
Leihgebühr für Aktien der Karow AG:	0.2% pro Jahr
Dividendenzahlung der Karow AG in den nächsten neun Monaten:	keine

Um kein Kursrisiko einzugehen, würden Sie im Moment des Abschlusses des Forward-Geschäfts die Aktie, von der Sie wissen, das Sie sie in neun Monaten zu einem Preis von 90 Euro von Ihrem Bekannten kaufen müssen, bereits jetzt an der Börse leerverkaufen. Für diesen Lehrverkauf bekommen Sie 90 Euro, nämlich den augenblicklich gehandelten Aktienkurs. Da Sie sich die leerverkaufte Aktie für einen Zeitraum von neun Monaten leihen müssen, haben Sie Leihkosten in Höhe von 0,2 Prozent auf 90 Euro für neun Monate = 0,14 Euro. Die 90 Euro Verkaufserlös, die Sie durch den Leerverkauf einnehmen, können Sie zu fünf Prozent für neun Monate anlegen und erhalten so Zinseinkünfte in Höhe von 3,38 Euro. Bei Fälligkeit des Forward-Vertrages kaufen Sie die Aktie zu einem Preis von 90 Euro von Ihrem Bekannten und geben diese Aktie an den Verleiher zurück. Die Bilanz dieses Geschäftes sieht dann wie folgt aus:

Einnahme durch den Leerverkauf der Aktie	90,00 Euro
Leihkosten für neun Monate	-0,14 Euro
Zinseinkünfte aus der Anlage des Erlöses des Leerverkaufes	3,38 Euro
Zahlung des vereinbarten Forward-Preises bei Fälligkeit in neun Monaten	-90 Euro
Gewinn/Verlust	3,24 Euro

Dieses Geschäft würden Sie also sofort eingehen, denn es bringt Ihnen einen risikolosen Gewinn von 3,24 Euro pro Aktie, ohne dass Sie eigenes Kapital binden müssten. Auch in diesem Fall sind Kursbewegungen der Karow AG während der Laufzeit für Sie uninteressant, da sämtliche Kauf- beziehungsweise Verkaufskurse bereits bei Vertragsabschluss festgelegt wurden.

Sie haben nun gesehen, dass sowohl ein zu hoher als auch ein zu niedriger Forward-Kurs die Möglichkeit bietet, einen risikolosen Gewinn einzustreichen. Hier spricht man auch von einem so genannten Free Lunch. Auf diese Weise von »falschen« Preisen zu profitieren nennt man Arbitrage, und das Prinzip der Arbitrage ist einer der wichtigsten Grundsätze der modernen Kapitalmärkte.

Nachdem Sie nun anhand einiger Beispiele gesehen haben, wie sich der Preis eines Forwards zusammensetzt und was passiert, wenn er von seinem fairen Wert abweicht, nähern Sie sich langsam aber sicher der Praxis.

Bisher haben wir uns mit dem Forward auf eine einzige Aktie beschäftigt. In der Praxis jedoch viel geläufiger ist der Forward auf einen ganzen Aktienkorb, wie zum Beispiel den DAX oder den Dow Jones EuroSTOXX 50. Wenn Sie regelmäßig die Wirtschaftspresse lesen, wird ihnen aber der Ausdruck DAX-Forward oder EuroSTOXX-Forward kaum begegnet sein, sondern viel eher der Begriff DAX- beziehungsweise EuroSTOXX-Future. Wo ist also der Unterschied zwischen einem Forward und einem Future?

Die Antwort ist sehr einfach. Bei einem Forward handelt es sich um einen individuell zwischen zwei Parteien ausgehandelten Vertrag, während Futures standardisierte Terminmarktinstrumente sind, die in großem Volumen an einer Börse oder anderen Handelsplattform gehandelt werden. Alle bisherigen Beispiele waren also Forwards, denn es gab zwei Parteien, die einen individuell ausgestalteten Vertrag miteinander geschlossen haben. Der an der EUREX gehandelte DAX-Future bspw aber ist nicht individuell zwischen zwei Marktteilnehmern ausgehandelt, sondern von der EUREX im Bezug auf Basiswert, Laufzeit und viele andere Details exakt festgelegt. Wenn Ihnen diese Ausstattungsmerkmale nicht zusagen, müssen Sie einen individuellen Forward ausserhalb der EUREX aushandeln.

Alle Grundlagen in Bezug auf die Preisbildung und die Möglichkeit zu risikolosen Arbitrage-Gewinnen gelten aber bei einem Future genauso wie bei einem Forward.

Die Praxis – DAX- und EuroSTOXX-50-Future

Nachdem Sie nun das theoretische Rüstzeug besitzen, können Sie sich ein Instrument wie den DAX-Future anschauen. Welche Rechte und Pflichten verbrieft so ein DAX-Future?

Der DAX als Deutscher Aktienindex das wichtigste Leitbarometer der Deutschen Börsenlandschaft; er umfasst die 30 größten deutschen Aktiengesellschaften. Was heißt in diesem Zusammenhang aber der Ausdruck »größten«? Größter Umsatz? Größte Mitarbeiterzahl? Größter Gewinn?

Weder – noch! Die Größe eines Unternehmens wird in diesem Zusammenhang aufgrund der so genannten Marktkapitalisierung ermittelt. Einmal im Jahr schaut sich die Deutsche Börse AG, die den DAX berechnet und zusammenstellt, alle in Frage kommenden Aktiengesellschaften an und multipliziert den Aktienkurs der jeweiligen Gesellschaft mit der Anzahl der Aktien, die es von diesem Unternehmen gibt. Bei der Ermittlung der Anzahl von Aktien wird jedoch nur der so genannte Free Float betrachtet. Das sind alle Aktien, die sich im Streubesitz befinden und nicht in einem größeren Paket von einem einzigen Aktionär gehalten werden.

Ein gutes Beispiel hierfür ist die Deutsche Telekom. Hier befinden sich laut Geschäftsbericht des Jahres 2004 nur rund 62 Prozent aller vorhandenen Aktien in Streubesitz. Der Rest wird vom Bund sowie von der Kreditanstalt für Wiederaufbau gehalten, zählt somit nicht zum Free Float und wird demzufolge bei der Ermittlung der Marktkapitalisierung auch nicht berücksichtigt. In den meisten Fällen wird eine Einzelbeteiligung von mehr als fünf Prozent am Unternehmen aus dem Free Float herausgerechnet. Die so ermittelten 30 Unternehmen mit der höchsten Marktkapitalisierung werden dann in den Deutschen Aktienindex aufgenommen. Diese 30 Aktien werden dann in einer Art Korb unter dem Namen DAX zusammengefasst. Die Gewichtung dieser Aktien und die Methode der Berechnung sind kompliziert, deshalb wird in diesem Buch darauf nicht näher eingegangen. Für unsere Zwecke reicht es völlig aus, sich den DAX als eine Art Aktienkorb vorzustellen; der Stand des DAX spiegelt demzufolge die Performance dieses Aktienkorbes wider.

Exkurs: Wie wird ein Aktienindex berechnet?

Apropos Performance: Neben Kursveränderungen hat noch eine andere Größe Einfluss auf die Performance eines Aktienkorbes, nämlich die Dividenden, die von den im Korb enthaltenen Aktien ausgeschüttet werden. Im Falle des DAX werden ausgeschüttete Dividenden sofort wieder in Anteile des betreffenden Unternehmens angelegt und gehen somit in die Performance-Messung vollständig mit ein. Dieses Vorgehen ist logisch, jedoch nicht stark verbreitet. Alle Indizes beispielsweise, die von der Firma Dow

	Performanceindex z. B. DAX	Preisindex z. B. EuroSTOXX 50
Kurs Aktie vor der Dividendenzahlung	100 Euro	100 Euro
Stand Index vor der Dividendenzahlung	100 Punkte	100 Punkte
Höhe der Dividende	5 Euro	5 Euro
Reinvestition der Dividende in den Index	5 Euro	keine Reinvestition
Kurs Aktie nach der Dividendenzahlung	95 Euro	95 Euro
Stand Index nach der Dividendenzahlung	95 Euro + 5 Euro = 100 Punkte	95 Punkte

Jones berechnet werden (etwa EuroSTOXX 50 oder STOXX 50), verwenden dieses Verfahren nicht. Ausgeschüttete Dividenden werden hier nicht wieder investiert, sondern fallen aus dem Index heraus. Diese Art von Index wird Preisindex genannt, während es sich beim Deutschen Aktienindex um einen so genannten Performanceindex handelt. Wie sich dies in der Praxis auswirkt, zeigt Ihnen ein einfaches Beispiel. Angenommen, sowohl der DAX als auch der EuroSTOXX beinhalten nur eine einzige Aktie, zum Beispiel die Allianz-Aktie. Diese Aktie steht bei 100 Euro, und der Einfachheit halber stehen auch beide Indizes bei 100. Morgen zahlt die Allianz AG eine Dividende von fünf Euro pro Aktie. Am Tag der Dividendenzahlung fällt in der Regel der Kurs der Aktie um den Betrag der Dividende, da diese ja jetzt nicht mehr im Wert der Aktie enthalten ist. Wie wirkt sich diese Zahlung auf den Indexstand aus?

Wie Sie sehen, bewirken Dividendenzahlungen ein Fallen des Indexstandes bei einem Preisindex, am Stand eine Performanceindex ändert sich jedoch nichts. Das wird wichtig, wenn Sie sich anschauen, wie sich der Indexstand und der zugehörige Future zueinander verhalten. Deutlich wird der Unterschied zwischen einem Preis- und einem Performanceindex auch dann, wenn man sich den Kursverlauf des DAX, eines Performanceindex, im Vergleich zum gleichen Index, aber als Preisindex berechnet, anschaut:

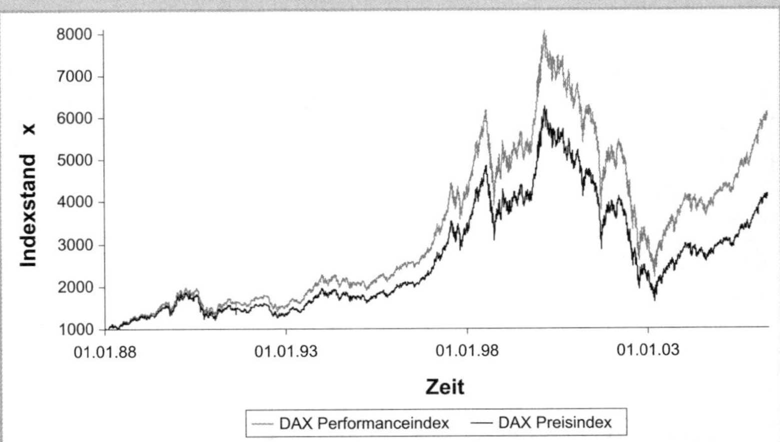

Abbildung 2: Vergleich Kursentwicklung DAX Performanceindex und DAX Preisindex

Durch die beim Performanceindex reinvestierten Dividenden entfernen sich Preis- und Performanceindex mit der Zeit immer stärker voneinander.

Wo liegt der Future-Preis?

In der folgenden Tabelle finden Sie eine Übersicht über die Index- und Future-Stände des DAX und EuroSTOXX 50 bei Handelsschluss am 24. März 2006:

Produkt	Fälligkeit	Stand	Basis
EuroSTOXX Index		3870,89	
EuroSTOXX Future	Juni 06	3813	-57,89
EuroSTOXX Future	Sep. 06	3823	-47,89
EuroSTOXX Future	Dez. 06	3842	-28,89
DAX Index		5973,14	
DAX Future	Juni 06	6008	34,86
DAX Future	Sep. 06	6052,5	79,36
DAX Future	Sep. 06	6102	128,86

Zuerst sehen Sie, dass es sowohl für den DAX als auch für den EuroSTOXX 50 mehr als einen Future gibt. Die EUREX bietet für alle Aktienindex-Futures drei verschiedene Laufzeiten an. Diese sind immer fällig am dritten Freitag der Monate März, Juni, September und Dezember. Die kommenden drei Monate dieses Zyklus sind dann die Verfallsmonate der jeweiligen Futures. Wenn in diesem Beispiel also der Future mit der Fälligkeit Juni 2006 verfallen ist, wird zum gleichen Zeitpunkt ein neuer Future mit der Fälligkeit März 2007 geschaffen.

Schauen Sie sich zunächst die EuroSTOXX-Futures an und wenden Ihr Wissen über die faire Preisbildung eines Future- oder Forward-Kontraktes an. Alle drei Futures liegen deutlich unterhalb des aktuellen Kassapreises des Index, der Abstand wird jedoch im Laufe der Zeit immer geringer. Wann war der Forward-Preis noch einmal tiefer als der Kassapreis? Immer dann, wenn während der Laufzeit des Kontraktes die Erträge höher sind als die Kosten – und genau das ist hier der Fall. Die meisten europäischen Aktien zahlen in der Zeit von März bis Juli ihre Dividenden aus, die der Inhaber eines Aktienkorbes voller EuroSTOXX-50-Aktien auch bekommt, der Inhaber eines Futures auf diesen Korb jedoch nicht. Die Finanzierungskosten zum Erwerb des Aktienkorbes sind in diesem Fall also deutlich geringer als die Erträge aus den im Index befindlichen Aktien, und deshalb liegen alle Future-Preise unterhalb des Kassakurses. Die negative Basis des EuroSTOXX-Futures wird mit längerer Laufzeit immer niedriger, da nach dem Juli kaum noch Dividenden gezahlt werden, die Finanzierungskosten aber nach wie vor entstehen. Würde man sich den Dezember-Future noch einmal im August anschauen, so wird er mit großer Wahrscheinlichkeit über dem Kassapreis notieren, weil dem Inhaber eines Aktienkorbes keine Dividenden bis Dezember zufließen würden, er aber nach wie vor noch Finanzierungskosten für die Zeit von August bis Dezember hätte.

Ein ganz anderes Bild zeigt sich, wenn Sie sich die Notierungen des DAX-Futures einmal näher anschauen. Hier notieren alle Futures deutlich über dem Preis des DAX-Index. Auch DAX-Aktien zahlen in der Zeit von März bis Juli ihre Dividenden, und einige Aktien im DAX sind auch im EuroSTOXX 50 enthalten, aber irgendetwas scheint hier anders zu sein. Zahlen DAX-Aktien weniger Dividende als EuroSTOXX-Aktien? Nein, der Grund für diesen Unterschied liegt in der unterschiedlichen Verwendung der Dividende in den beiden Indizes. Wie Sie bereits wissen, investieren Performanceindizes wie der DAX ausgezahlte Dividenden wieder in den Index. Aus diesem Grund muss ein Verkäufer eines DAX-Futures bei Fälligkeit des Kontraktes auch die bis dahin gezahlten Dividenden an den Käufer des Futures weiterreichen, sodass diese Dividenden für den Verkäufer des Futures keine Mehreinnahmen, sondern nur eine Art durchlaufenden Posten darstellen. Im Gegensatz zum EuroSTOXX-Future und zu allen anderen Futures, die sich auf Preisindizes beziehen, kann ein Future auf einen Performanceindex wie beispielsweise den DAX nicht billiger sein als der Kassapreis. In der Vergangenheit gab es zwar einige vereinzelte Fälle, in denen dies trotzdem passierte; das lag jedoch an Besteuerungsunterschieden zwischen In- und Ausländern, auf die hier nicht näher eingegangen werden soll.

Wer beeinflusst wen?

Bisher haben Sie sich immer den Kurs des Kassa-Instrumentes angeschaut und von dort auf den fairen Wert des Terminkurses geschlossen. Nun werden aber DAX und DAX-Future gleichzeitig gehandelt. Ist es dann so, dass sich der DAX-Future ausschließlich nach dem Stand des DAX-Index richtet? Die Antwort auf diese Frage ist ein klares Jein!

Wie Sie bereits gesehen haben, besteht bei einem falschen Forward-Preis die Möglichkeit, mit Hilfe von Arbitrage einen risikolosen Gewinn, den so genanten Free Lunch, einzustreichen. Jede große Investmentbank hat eine Abteilung, die nichts anderes macht, als dies zu versuchen. Hinter dem Namen Quantitative Trading Desk oder Index Arbitrage Desk verbergen sich Händler, die laufend den fairen Wert eines Futures auf Basis von aktuellem Kassastand des Index, Zinssätzen über verschiedene Laufzeiten, Leihkosten sowie Dividendenschätzungen berechnen. Weicht der Preis des Futures deutlich von dem errechneten theoretischen Wert ab, tun diese Händler genau das, was Sie in den Beispielen auch gemacht haben. Ist der Future-Kurs zu niedrig beziehungsweise der Kassakurs zu hoch, kaufen sie den Future und leerverkaufen die Aktien, die im jeweiligen Index enthalten sind, in genau der gleichen Zusammensetzung, wie sie im Index herrscht. Wie im Beispiel mit den Aktien der Karow AG erzielen sie so einen völlig risikolosen Gewinn. Durch diese Transaktion wurden also der zu billige Future gekauft und die zu teuren Aktien verkauft. Ist der Preis des Futures nach dieser Transaktion immer noch zu niedrig, wird die gleiche Transaktion noch einmal vorgenommen. Dies führt dazu, dass der Preis des Futures steigt und die Kurse der Aktien sinken, und zwar so lange, bis der Future wieder seinen fairen Wert erreicht hat und es keine Möglichkeit mehr gibt, einen risikolosen Profit zu machen. Diese so genannten Arbitrageure sorgen also dafür, dass die Preisdifferenz zwischen Future und Kasse mittel- bis langfristig immer der fairen Basis entspricht. Dies tun sie natürlich nicht mit Abakus und Bleistift, sondern mit Hilfe hochkomplexer Computerprogramme, die oft sogar völlig selbstständig handeln und bei denen der Händler in der Regel nur die Arbeit des Programms überwacht und alle notwendigen Parameter eingibt und überprüft.

Es wird einerseits deutlich, dass sich der Stand des DAX-Futures nicht zwangsweise aus dem Stand des DAX-Index ableitet. Andererseits wird der DAX-Index auch nicht ausschließlich vom DAX-Future beeinflusst. Vielmehr handelt es sich hier um eine wechselseitige Beziehung, in der sich beide Produkte gegenseitig beeinflussen und Arbitrageure laufend dafür sorgen, dass Future und Kassapreis den richtigen Abstand haben.

Kleiner Fehler mit großer Wirkung

Wie gut dieses Prinzip funktionierte, zeigte sich wenige Wochen nach den Anschlägen vom 11. September 2001, wenn auch unbeabsichtigt, als es zu einer Fehleingabe in das Handelssystem der EUREX kam. Die genauen Umstände dieses Fehlers sind nicht öffentlich geworden, deshalb sind auch alle Zahlenbeispiele nur Fiktion, aber der Händler einer großen Investmentbank hat sich bei der Eingabe einer Order offensichtlich vertan. Anstatt einen DAX-Future zum Preis von 5.000 Punkten zu verkaufen, stellte er 5.000 DAX-Futures zum Verkauf mit einem Punkt in das System ein. Umgerechnet auf die Kontraktgröße hatte diese Order ein Volumen von 625 Millionen Euro! Aufgrund dieser massiven Verkaufsorder rutschte der Preis des DAX-Futures in Sekunden um über zehn Prozent in den Keller – ein Verlust, der selbst am 11. September innerhalb eines ganzen Tages nicht erreicht wurde. Da diese Verkaufsorder aber nur den DAX-Future betraf und nicht die Aktien im Index selbst, wurde der Future im Verhältnis zu den DAX-Aktien zu billig. Die bereits beschriebenen Index-Arbitrage-Programme der Investmentbanken sahen hier sofort die Gelegenheit zur Arbitrage und kauften einige der vielen zum Verkauf stehenden Futures, während sie gleichzeitig die im DAX enthaltenen Aktien leerverkauften. Dies führte dann auch zu einem massiven Kurseinruch der im DAX enthaltenen Aktien. Da aber beispielsweise eine Allianz-Aktie nicht nur im DAX, sondern auch im EuroSTOXX 50 enthalten ist, begann in diesem Index das umgekehrte Spiel. Dort erkannten die Handelsprogramme, dass der EuroSTOXX-50-Aktienkorb im Verhältnis zum EuroSTOXX-50-Future zu billig ist, und kauften diese Aktien, während sie den EuroSTOXX-50-Future leerverkauften, der daraufhin dann auch zu fallen begann. Diese Kettenreaktion zog sich dann durch verschiedene europäische Futures- und Aktienmärkte, bis sich herumgesprochen hatte, dass es sich lediglich um einen Eingabefehler handelte und alle europäischen Futures- und Aktien-Indizes innerhalb einer halben Stunde wieder auf ihrem ursprünglichen Stand waren. Auch wenn es der Karriere des »Verursachers« sicherlich nicht besonders zuträglich war, hat dieser Zwischenfall doch deutlich gemacht, wie sich Future- und Kassapreis zueinander verhalten und sich gegenseitig beeinflussen können.

Indexarbitrage von zu Hause aus?

Wenn Sie, lieber Leser, an dieser Stelle bereits von Ihrem eigenen Handelsraum träumen, in dem Sie durch risikolose Future-Arbitrage Millionen verdienen, so müssen wir Sie leider enttäuschen. So wichtig das bis jetzt vermittelte Wissen auch für das Verständnis eines Futures beziehungsweise Forwards ist, so wenig wird Ihnen dieses Wissen in der Praxis Profite bescheren, und das aus mehreren Gründen.

Wie bereits erwähnt, unterscheiden sich Anlage- und Kreditzinssätze für Banken und andere professionelle Anleger nur minimal, während es bei Privatinvestoren oft fünf oder mehr Prozent sind. Dies führt dazu, dass ein Preisungleichgewicht auf dem Future- beziehungsweise Kassamarkt für einen Profi viel eher eine Arbitragemöglichkeit darstellt als für einen Privatspekulanten. Darüber hinaus sind auch die Transaktionskosten, die in den Beispielen bisher vernachlässigt blieben, für professionelle Trader, die täglich mehrere tausend Kontrakte kaufen beziehungsweise verkaufen, viel niedriger als selbst der günstigste Online-Broker.

Nichtsdestotrotz eröffnen die an der EUREX gehandelten Aktien-Futures auch dem Privatinvestor viele Möglichkeiten, sein Portfolio optimal auszurichten: Auf diese Möglichkeiten geht der folgende Abschnitt des Buches anhand detaillierter Beispiele ein.

Der DAX-Future im Detail

Schauen Sie sich zu diesem Zweck einmal die genauen Kontraktspezifikationen des DAX-Futures an, wie sie in den offiziellen Publikationen der EUREX zu finden sind.

DAX-Future	
Kürzel	FDAX
Kontraktwert	25 Euro pro DAX-Indexpunkt
Erfüllung	Erfüllung durch Barausgleich, fällig am ersten Börsentag nach dem letzten Handelstag
Preisermittlung	In Punkten, auf eine Dezimalstelle

Minimale Preisveränderung	Preisveränderung: 0,5 Punkte; dies entspricht einem Wert von 12,50 Euro
Laufzeiten	Die jeweils nächsten drei Quartalsmonate aus dem Zyklus März, Juni, September und Dezember
Letzter Handelstag	Letzter Handelstag der Index-Future-Kontrakte ist der Schlussabrechnungstag. Der Schlussabrechnungstag ist der dritte Freitag des jeweiligen Fälligkeitsmonats, andernfalls der davor liegende Börsentag.
Täglicher Abrechnungspreis	Der in der Schlussauktion festgestellte Schlusspreis
Schlussabrechnungspreis	Wert des DAX, der auf der Grundlage der Preise der im DAX enthaltenen Werte in der untertägigen Auktion ermittelt wird
Handelszeit	09:00 – 20:00 Uhr MEZ

Einige dieser Informationen sind Ihnen bereits bekannt oder erklären sich von selbst. Trotzdem wollen wir kurz auf jeden Punkt eingehen, um eventuelle Unklarheiten aus dem Weg zu räumen.

Der DAX-Future trägt das Kürzel FDAX. Anhand dieses Kürzels kann der Kontrakt eindeutig identifiziert werden, und diese Abkürzung muss auch bei jeder Order mit angegeben werden, um Missverständnisse ausschließen zu können. Hinter das Kürzel FDAX wird noch ein Buchstabe angehängt, der angibt, welche Fälligkeit dieser Future haben soll. Zwar hat auch der DAX-Future eine Wertpapierkennnummer, wie Aktien oder Zertifikate diese haben, sie wird in der Praxis jedoch kaum verwendet.

Der Kontraktwert von 25 Euro pro Indexpunkt besagt, dass sich der Wert des DAX-Futures um 25 Euro erhöht, wenn er um einen Punkt steigt. Diese 25 Euro sind von der EUREX willkürlich festgelegt und könnten auch bei zehn Euro oder bei 50 Euro liegen. Auf die Preisgestaltung des Futures hat dies keine Auswirkung.

Interessant und für Sie neu ist die Ausgestaltung der Erfüllung bei Fälligkeit. In den bisherigen Beispielen wurde immer davon ausgegangen, dass Sie bei Fälligkeit Ihres Futures beziehungsweise Forwards die zugrunde liegende Aktie auch tatsächlich kaufen beziehungsweise verkaufen müssen. Beim DAX-Future ist dies jedoch, wie bei den meisten anderen Aktien-Futures auch, nicht der Fall. Stellen Sie sich vor, Sie sind Besitzer eines DAX-

Futures, den sie bei einem DAX-Stand von 5.000 Punkten gekauft haben. Im Laufe der Zeit ist der DAX immer weiter angestiegen und steht am Fälligkeitstag des DAX-Futures bei 6.000 Punkten. Wenn Sie Ihren bisherigen Überlegungen folgten, würden Sie dann am Fälligkeitstag einen Aktienkorb erhalten, den Sie für 5.000 Punkte gekauft haben und der jetzt 6.000 Punkte wert ist. Sobald dieser Aktienkorb in Ihr Depot eingebucht ist, können Sie ihn für 6.000 Punkte verkaufen und machen 1.000 Punkte Gewinn.

Um genau diese Transaktion überflüssig zu machen und die Abwicklung zu vereinfachen, sieht der tatsächliche Ablauf bei Fälligkeit eines DAX-Futures ein wenig anders aus. In der Realität würden Sie nicht den DAX-Aktienkorb in Ihr Depot gebucht bekommen, sondern direkt die Ihnen zustehenden 1.000 Punkte in bar auf Ihr Verrechnungskonto. Da der DAX-Future einen Wert von 25 Euro pro Indexpunkt hat, wären das in diesem Fall also 25.000 Euro. Dieses Geld würden Sie dann am Börsentag nach dem letzten Handelstag des DAX-Futures überwiesen bekommen. Ein weiterer Grund für diesen so genannten Barausgleich ist die Tatsache, das aufgrund der komplexen Berechnungsformel des DAX-Index ein DAX-Future auch Bruchstücke von Aktien enthält und es nicht möglich ist, 2,7 Siemens-AG-Aktien zu liefern.

Die Preisermittlung und die minimale Preisveränderung setzen fest, dass sich der Preis eines DAX-Futures in Schritten von 0,5 Indexpunkten verändern kann. Ein DAX-Future-Preis von beispielsweise 5.900,2 ist also nicht möglich. Multipliziert man die minimale Preisveränderung von 0,5 Indexpunkten mit den 25 Euro Gegenwert eines DAX-Punktes, kommt man auf die kleinste mögliche Wertveränderung des DAX-Futures von 12,50 Euro.

Wie bereits erwähnt, wird der DAX-Future immer mit drei verschiedenen Laufzeiten angeboten. Dies sind die jeweils nächsten drei Monate aus dem Zyklus März, Juni, September und Dezember. Im Januar gibt es also DAX-Futures mit den Laufzeiten März, Juni und September, während es im Mai die Laufzeiten Juni, September und Dezember gibt. Ist ein Future in einem dieser vier Monate fällig, so ist dies immer am dritten Freitag des jeweiligen Monats der Fall. Diese Gewohnheit hat sich an vielen verschiedenen Börsenplätzen eingebürgert und gilt nicht nur für die EUREX, sondern auch für die meisten anderen europäischen und amerikanischen Terminbörsen. Auch wenn es selten vorkommt, dass beispielsweise aufgrund eines Feiertages der Verfall eines Futures nicht am dritten Freitag eines

Monats, sondern bereits am Börsentag davor stattfindet, sollte der Investor darüber immer informiert sein. Selbst gestandene Händler bei Investmentbanken habe durch ihr Unwissen in Bezug auf den letzten Handelstag schon viel Geld und unter Umständen ihren Job verloren. Der tägliche Schlussabrechnungspreis des DAX-Futures wird durch die so genannte Schlussauktion festgestellt. Hierbei können alle Marktteilnehmer im Rahmen einer Auktion, die in der Regel um 10:00 Uhr eines jeden Börsentages beginnt, ihre Kauf- und Verkaufsgebote für den DAX-Future in das System der EUREX einstellen. Das Computersystem der Börse setzt dann den Kurs fest, an dem der größte Umsatz zustande kommt und der auch gleichzeitig den offiziellen Schlusskurs für diesen Handelstag darstellt. Auf eine ähnliche Art und Weise wird auch der Schlussabrechnungspreis des DAX-Futures an seinem Fälligkeitstag festgestellt. An diesem dritten Freitag im Monat findet mittags um 13 Uhr eine Auktion aller im DAX befindlichen Aktien statt. Mit Hilfe der Auktionspreise aller 30 DAX-Aktien wird dann der endgültige Fälligkeitspreis des DAX-Futures ermittelt. Im Unterschied zum täglichen Handel, bei dem die Auktion des DAX-Futures als Basis für die Abrechnungspreise genommen wird, ist es bei Fälligkeit also nicht mehr der DAX-Future, sondern es sind die ihm zugrunde liegenden Aktien. Dies ist logisch, da im Augenblick seiner Fälligkeit der Preis des Futures exakt dem Preis des entsprechenden Basiswertes entsprechen muss.

Margin – Spekulieren, ohne zu investieren

Sie wissen ja bereits, dass der Kontraktwert eines DAX-Futures bei 25 Euro pro Indexpunkt liegt. Heißt das nun, das Sie beim Kauf eines DAX-Futures zu einem Preis von beispielsweise 6.000 Punkten insgesamt 6.000 x 25 Euro = 150.000 Euro zu bezahlen haben? Nein, denn neben der Tatsache, dass man mit einem DAX-Future bequem einen ganzen Aktienkorb auf einmal handeln kann, hat ein Future noch einen weiteren großen Vorteil gegenüber einem Direktinvestment in die zugrunde liegenden Aktien: Beim Kauf oder Verkauf eines solchen Instrumentes wird nämlich nicht der gesamte Kontraktwert fällig, sondern nur ein relativ geringer Teil, der Margin genannt wird. Diese Margin soll sicherstellen, dass der Anleger auch bei Verlusten in der Lage ist, seinen daraus resultierenden Verpflichtungen nachzukommen. Das folgende Beispiel macht dies deutlich. Sie kaufen einen DAX-Future zum Preis von 6.000 Punkten. Dies ergibt einen

Kontraktwert von 150.000 Euro. Tatsächlich hinterlegt der Käufer nur etwa 10.000 bis 12.000 Euro auf einem so genannten Marginkonto als Sicherheit. Das Marginkonto ist ein speziell für EUREX-Transaktionen geführtes Konto, in dem sowohl Geld als auch Wertpapiere als Sicherheit eingelagert werden können. Je größer die erwartete künftige Schwankungsbreite des DAX-Index ist, desto höher ist auch die zu entrichtende Margin. Beim DAX-Future sind es, wie bereits erwähnt, ungefähr 10.000 bis 12.000 Euro. Dieses Margin-Konto wird ebenfalls dazu benutzt, auf täglicher Basis angefallene Gewinne oder Verluste zu verrechnen. Angenommen, nach Ihrem Kauf steigt der DAX-Future von 6.000 auf 6.050 Punkte. Die Wertsteigerung von 50 Punkten, multipliziert mit dem Kontraktwert von 25 Euro pro Punkt, ergibt einen Gewinn von 1.250 Euro. Diese 1.250 Euro werden dem Marginkonto am Ende des Handelstages gutgeschrieben. Im umgekehrten Fall, nämlich bei einem Verlust von 50 Punkten, wären die 1.250 Euro von Ihrem Marginkonto abgezogen worden. Unterschreitet das Marginkonto einen festgelegten Wert, so wird der Investor aufgefordert, eine Nachschusszahlung zu leisten, damit sichergestellt werden kann, dass etwaige weitere Verluste aus dieser Position jederzeit beglichen werden können. Ist der Anleger nicht mehr in der Lage, den Nachschussforderungen nachzukommen, wird seine DAX-Future-Position zwangsweise liquidiert und mit der noch vorhandenen Margin verrechnet. Neben der Tatsache, dass solch ein Ausfallrisiko so gering wie möglich gehalten wird, hat das Marginverfahren noch einen weiteren großen Vorteil: Es ermöglicht dem Investor, mit einer relativen kleinen Geldsumme ein sehr großes Aktienportfolio zu kontrollieren.

Machen Sie sich das an dem Beispiel von vorhin deutlich: Angenommen, Sie gehen von einem steigenden DAX aus, kaufen einen DAX-Future zum Preis von 6.000 Punkten und hinterlegen dafür eine Margin von 12.000 Euro. Ihre Erwartung trifft tatsächlich ein, und nach einigen Tagen steht der DAX-Future bei 6.150 Punkten. Dieser Anstieg entspricht einer prozentualen Steigerung des DAX-Futures von 2,5 Prozent. Auf Ihr eingesetztes Kapital bezogen ist der prozentuale Anstieg jedoch deutlich größer. Ein Anstieg des DAX-Futures von 6.000 auf 6.150 Punkte beschert Ihrem Marginkonto einen Anstieg um 150 x 25 Euro = 3.750 Euro. Bezogen auf Ihr investiertes Kapital von 12.000 Euro sind dass 31,25 Prozent. Ein Anstieg des DAX-Futures um lediglich 2,5 Prozent führt also zu einem Gewinn von über 31 Prozent.

Es muss an dieser Stelle natürlich erwähnt werden, dass auch bei einer negativen Kursentwicklung der Hebel überproportional groß ist und bereits ein kleiner Ausschlag des DAX-Futures in die für den Anleger falsche Richtung deutliche Verluste verursachen kann.

Aktien-Futures in der Praxis

Die Einsatzmöglichkeiten eines Aktien-Futures lassen sich grob in zwei verschiedene Bereiche einteilen, mit denen sich der folgende Abschnitt des Buchs beschäftigt.

Futures als Trading-Instrument

Trading
Unter Trading versteht man das Kaufen beziehungsweise Verkaufen von Futures zu dem Zweck, einen Gewinn zu erzielen. Hier gilt wieder die Devise: »Billig kaufen und teuer verkaufen, egal in welcher Reihenfolge!«

Long-Position (Bullishe Strategie)
Geht ein Investor von steigenden Kursen aus, so kauft er einen oder mehrere Aktien-Futures und ist somit »long Future«, wie die Experten es nennen. Treffen seine Erwartungen ein, so wird der erzielte Gewinn auf seinem Marginkonto gutgeschrieben. Bei Fälligkeit des Futures wird ihm dieser Gewinn zusätzlich zur geleisteten Margin auf sein Konto überwiesen. Ein Anleger muss aber nicht bis zur Fälligkeit warten, um seine Schäfchen in Trockene zu bringen. Wenn er seine Position neutralisieren möchte, kann er den gekauften Future auch vor seiner Fälligkeit wieder an der EUREX verkaufen. Man spricht hier von einer so genannten Closing-Transaktion. Der gekaufte und der verkaufte Future heben sich gegenseitig auf, und der Anleger hat keinerlei Verbindlichkeiten mehr gegenüber der EUREX. Der mögliche Gewinn bei einer solchen Long-Future-Strategie ist unbegrenzt, da ein Index theoretisch ins Unendliche steigen kann. Da ein Index nicht tiefer als Null fallen kann, ist zwar der Verlust theoretisch begrenzt, er liegt aber in jedem Fall um ein Vielfaches über der zu leistenden Margin. Der Wert der eingegangenen Futures-Position entwickelt sich genauso wie der Index selber. Dieses Gewinn-und-Verlust-Profil kann man auch in einer Grafik darstellen, die wie folgt aussieht:

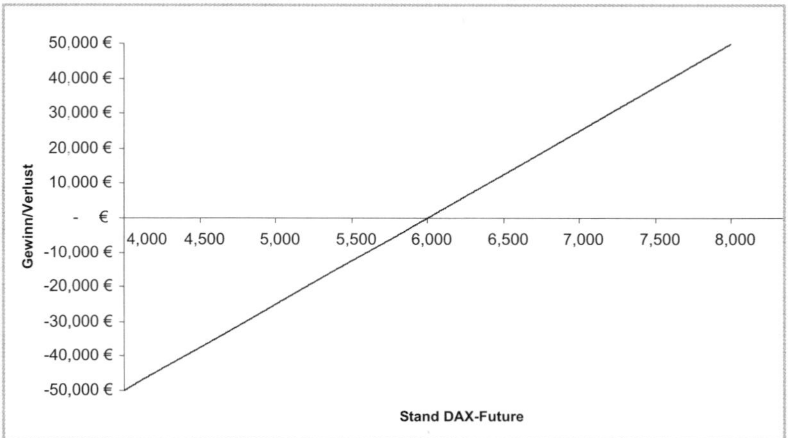

Abbildung 3: Gewinn-und-Verlust-Szenario Long-Futures-Position

In diesem Fall haben Sie den DAX-Future bei einem Kurs von 6.000 Punkten gekauft. Jeder Punkt, um den der Future steigt, bringt 25 Euro, und bei jedem Punkt, um den er fällt, verlieren Sie 25 Euro. Aufgrund der Hebelwirkung eines Future-Investments ist es bei einer solchen Position absolut notwendig, den Stand des Futures laufend zu beobachten, um Verluste zu begrenzen und einmal erzielte Gewinne auch realisieren zu können.

Short-Position (Bearishe Strategie)
Das Gleiche gilt für den Verkauf eines Futures. Diese Position wird ein Investor eingehen, der von sinkenden Future-Kursen ausgeht. Ähnlich wie beim Leerverkauf einer Aktie verkauft ein Investor hier einen Future, den er für zu teuer hält, und hofft, diesen Future später und zu einem niedrigeren Preis wieder zurückkaufen zu können. Die Differenz zwischen Verkaufspreis und Rückkaufpreis des Futures, multipliziert mit dem Wert eines Future-Punktes, ist dann sein Gewinn. Auch das Chance-Risiko-Profil dieser Position lässt sich anhand einer Grafik verdeutlichen:

Auch hier gehen Sie von einem aktuellen Future-Stand von 6.000 Punkten aus, bei dem Sie Ihren Future verkaufen. Jeder Punkt, um den der DAX-Future nun fällt, beschert dem Investor einen Gewinn von 25 Euro, und jeder Punkt, um den der Future steigt, resultiert in einem Verlust von 25

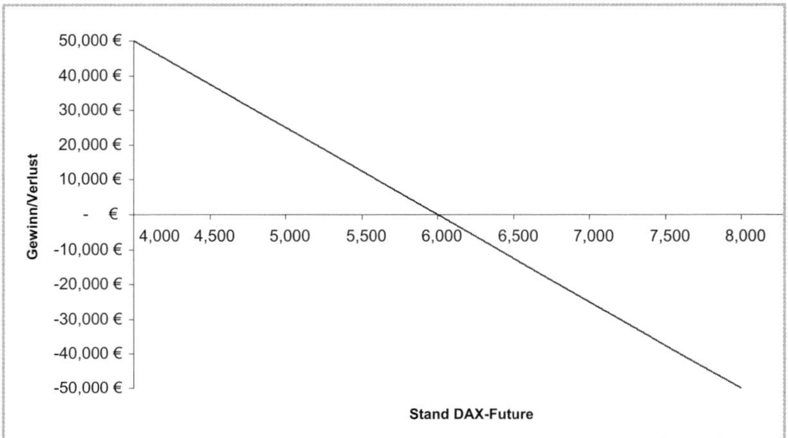

Abbildung 4: Gewinn-und-Verlust-Szenario Short-Futures-Position

Euro. Wie Sie sehen, ist es entgegen der Meinung vieler Anleger auch ohne weiteres möglich, mit fallenden Kursen Geld zu verdienen. Bei den zwei hier vorgestellten Strategien ist es grundsätzlich egal, welche Fälligkeit des Futures man auswählt. Nimmt man den Future mit der kürzesten angebotenen Laufzeit (auch Front Month Future genannt), so ist dieser in der Regel am liquidesten. Nachteil hierbei ist es jedoch, das die Laufzeit des Futures kürzer sein kann als der persönliche Anlagehorizont. Diesen Nachteil kann man ausgleichen, indem man den kürzer laufenden Future kurz vor dessen Fälligkeit verkauft und gleichzeitig den Future mit der nächstlängeren Laufzeit erwirbt. Der Experte nennt diese Transaktion »Rollen des Futures«. Da aber, wie Sie bereits wissen, ein länger laufender DAX-Future immer teurer ist als ein kürzer laufender, entstehen durch dieses Rollen Kosten, die vom Anleger von vornherein einkalkuliert werden müssen.

Inter Contract Spread

Bisher haben Sie den DAX-Future eingesetzt, um Ihre Marktmeinung in Bezug auf die Entwicklung des DAX-Index in eine profitable Strategie umzusetzen. Was können Sie aber machen, wenn Sie sich gar nicht sicher sind, ob der DAX in nächster Zeit steigt oder sinkt, Sie aber sehr wohl davon überzeugt sind, dass er sich besser entwickeln wird als ein anderer Aktienindex, wie beispielsweise der EuroSTOXX 50? Die Antwort darauf lautet

Inter Contract Spread. Unter einem Inter Contract Spread versteht man eine Handelsposition, bei der man einen Futures-Kontrakt kauft und gleichzeitig einen anderen Kontrakt verkauft. Sinn dieser Position ist es, ausschließlich von einer Outperformance des einen gegenüber dem anderen Index zu profitieren und dabei nicht von der allgemeinen Marktstimung abhängig zu sein. Machen Sie das Ganze an einem Beispiel deutlich.

Sie sind der Meinung, dass sich der DAX-Index aufgrund einer Konjunkturbelebung in Deutschland in nächster Zeit deutlich besser entwickeln wird als der Dow Jones EuroSTOXX 50, ein Index, der die 50 größten europäischen Standardaktien beinhaltet. Auch auf diesen Index bietet die EUREX einen Future an, der in Bezug auf Laufzeiten und Fälligkeiten genauso ausgestaltet ist wie der DAX-Future mit dem Unterschied, das der Kontraktwert des EuroSTOXX-Futures nicht 25 Euro, sondern zehn Euro beträgt.

Gehen Sie von folgenden Futures-Preisen aus:

DAX-Future	6.013 Punkte
EuroSTOXX-50-Future	3.756 Punkte
Differenz in Punkten	2.257 Punkte

Da Sie von einer stärkeren Entwicklung des DAX-Futures ausgehen, kaufen Sie diesen und verkaufen gleichzeitig den EuroSTOXX-50-Future. Da der Kontraktwert dieser beiden Futures jedoch unterschiedlich ist, handeln Sie die Futures in einem Verhältnis von 1 : 2,5, also beispielsweise Kauf von zwei DAX-Futures und gleichzeitiger Verkauf von fünf EuroSTOXX-Futures. Nachdem Sie diese Position eingegangen sind, ist für Sie nur noch der Abstand zwischen beiden Futures interessant, nicht jedoch ihr Stand in Punkten. Schauen Sie sich das Gewinn-und-Verlust-Profil dieser Position einmal in verschiedenen Szenarien an.

Angenommen, aufgrund einer drastischen Erhöhung des Ölpreises fallen DAX und EuroSTOXX 50 in den folgenden Tagen deutlich auf die folgenden Werte:

DAX-Future	5.412 Punkte
EuroSTOXX-50-Future	3.155 Punkte
Differenz in Punkten	2.257 Punkte

Obwohl beide Futures deutlich an Wert verloren haben, ist ihre Differenz die gleiche wie vorher. Auf Ihren Gewinn beziehungsweise Verlust hat das folgenden Einfluss:

Wert der Position zu Beginn:	
Long zwei DAX-Futures bei	6.013 Punkten
Short fünf EuroSTOXX-50-Futures bei	3.756 Punkten

Gewinn/Verlust
Verlust aus zwei Long DAX-Futures:
(6.013 – 5.412) x 25 Euro x 2 Kontrakte = –30.050 Euro

Gewinn aus fünf Short-EuroSTOXX-50-Futures:
(3.756 – 3.155) x 10 Euro x 5 Kontrakte = +30.050 Euro

Gesamter Gewinn/Verlust = 0 Euro

Sie sehen: Solange beide Indizes sich um die gleiche Punktzahl und in die gleiche Richtung verändern, hebt der Gewinn der einen Position den Verlust der anderen Position exakt auf. Nur bei einer Veränderung des Abstandes zwischen beiden Futures erzielt der Anleger einen Gewinn beziehungsweise einen Verlust.

Der Vollständigkeit halber schauen wir uns auch dies an einem Beispiel an. Nach der Eröffnung Ihrer Position zu den oben genannten Preisen stehen nach einigen Tagen beide Indizes auf folgendem Stand:

DAX-Future	6.212 Punkte
EuroSTOXX-50-Future	3.795 Punkte
Differenz in Punkten	2.417 Punkte

Analog zu Ihrer ersten Rechnung schauen die Gewinne und Verluste aus beiden Positionen wie folgt aus:

Gewinn/Verlust
Gewinn aus zwei Long DAX-Futures:
(6.212 – 6.013) x 25 Euro x 2 Kontrakte = +9.950 Euro

Verlust aus fünf Short-EuroSTOXX-50-Futures:
(3.795-3.756) x 10 Euro x 5 Kontrakte = –1.950 Euro

Gesamter Gewinn/Verlust = 8.000 Euro

Da der DAX-Future stärker gestiegen ist als der EuroSTOXX, konnten Sie einen Gewinn von 8.000 Euro erzielen.

Wichtig hierbei ist jedoch zu beachten, dass Sie bei einer solchen Position aus zwei Long-DAX-Futures und fünf Short-EuroSTOXX-Futures nicht berücksichtigen, dass der DAX-Future deutlich teurer ist als der EuroSTOXX-Future. Eine fünfprozentige Veränderung des DAX bedeutet also eine größere absolute Steigerung als ein fünfprozentiger Anstieg des EuroSTOXX 50. Wollen Sie dies ausgleichen, müssen Sie die Anzahl der gehandelten Futures entsprechend dem Verhältnis der beiden Indizes zueinander anpassen.

Neben diesem Inter Contract Spread gib es auch noch unzählige andere Möglichkeiten, Futures mit verschiedenen Laufzeiten und/oder verschiedenen Basiswerten zu kombinieren, auf die in diesem Buch jedoch nicht weiter eingegangen wird.

Hedging

Neben der Verwendung von Futures mit dem Ziel, durch eine zutreffende Marktmeinung einen Gewinn zu erzielen, können Futures-Kontrakte auch dazu verwendet werden, ein bereits vorhandenes Portfolio gegen mögliche Risiken abzusichern. Dieser Vorgang des Absicherns wird oft auch als Hedging bezeichnet.

Long Hedge

Ein Long Hedge wird in der Regel dann verwendet, wenn ein bereits bestehendes Portfolio aus Aktien diversifiziert werden soll, das dafür notwendige Kapital jedoch nicht schnell genug oder nicht in ausreichenden Mengen vorhanden ist. Wenn Sie beispielsweise über ein Aktienportfolio verfügen, das sehr viele US-amerikanische Titel enthält, kann es Sinn machen, dieses Portfolio durch eine Investition in den europäischen Aktienmarkt zu diversifizieren. Problematisch hierbei kann jedoch die Tatsache sein, dass Sie beispielsweise aus steuerlichen Gründen im Augenblick noch keine amerikanischen

Aktien aus Ihrem Depot verkaufen möchten. In diesem Fall können Sie einen EuroSTOXX-Future an der EUREX erwerben, der Sie aufgrund des Marginprinzips nur einen Bruchteil des durch ihn kontrollierten Aktienwertes kostet und durch den Sie an allen Kursbewegungen des EuroSTOXX 50 partizipieren. Diese Form des Hedges wird auch als Erwerbsvorbereitung bezeichnet.

Short Hedge

Sehr viel häufiger als ein Long Hedge wird in der Praxis jedoch ein so genannter Short Hedge verwendet, um ein bereits bestehendes Aktienportfolio gegen Kursrückschläge abzusichern. Hierbei wird eine bestimmte Anzahl von Kontrakten eines Futures verkauft, um im Falle eines Kursrückganges den Verlust aus dem Aktienportfolio durch Gewinne aus den verkauften Futures wieder auszugleichen. Fondsmanager bedienen sich häufig dieser Methode, weil sich ein Future besonders bei nur vorübergehend erwarteten Kursrückgängen deutlich einfacher und preiswerter handeln lässt als ein ganzes Aktienportfolio.

Nehmen wir an, ein Fondsmanager möchte seinen Fonds mit einem Volumen von 60 Millionen Euro kurzfristig gegen Kursrückschläge absichern. Da der Fonds in deutschen Standardwerten investiert, wählt er den DAX-Future als Absicherungsinstrument. Zunächst muss einmal das so genannte Hedge Ratio ermittelt werden, also die Anzahl von Futures, die verkauft werden müssen, um das Fondsvermögen gegen Kursrückschläge abzusichern. Bei einem angenommenen Stand des DAX-Futures von 6.000 Punkten hat dieser Future also einen Wert von 6.000 Punkten x 25 Euro Kontraktwert = 150.000 Euro. Dividiert man nun den Wert des abzusichernden Portfolios von 60 Millionen Euro durch den Wert eines DAX-Futures von 150.000 Euro, so erhält man das passende Hedge Ratio von 400. Bei einem Verkauf von 400 DAX-Futures ist das Fondsportfolio also gegen Kursrückschläge abgesichert, da jeder Verlust bei einem Rückgang des Portfoliowertes durch einen gleich großen Gewinn aus der Short-Future-Position ausgeglichen wird. Dieses Prinzip wirkt aber auch bei steigenden Kursen, da jeder Gewinn des Aktienportfolios durch einen Verlust der Futures-Position wieder ausgeglichen wird. Mit dieser Transaktion ist der Wert eines Portfolios also vorübergehend eingefroren und verändert sich nicht.

In der Praxis ist eine solche Transaktion jedoch nicht ganz so einfach, wie sie hier beschrieben wurde. In diesem Beispiel wird nämlich angenommen, dass das Portfolio des Fondsmanagers exakt dem DAX entspricht und sich in Bezug auf Veränderungen des Wertes auch exakt so verhält. In der Realität über- beziehungsweise untergewichten Fondsmanager meistens bestimmte Aktien, von denen sie glauben, dass sie sich besser beziehungsweise schlechter entwickeln als der Gesamtmarkt. Oft orientieren sich Fondsmanager aber auch nur grob an einem Index und versuchen, durch Beimischung von Aktien aus anderen Ländern oder Sektoren die Performance ihres Portfolios zu erhöhen. In solchen Fällen bewegt sich der Wert des Fonds natürlich nicht exakt so wie der eines DAX- oder EuroSTOXX-Futures. Um dieses Problem zu lösen, bedienen sich professionelle Investoren zweier Kennzahlen, die Korrelation und Beta-Faktor genannt werden und aus der historischen Kursentwicklung beider Investments errechnet werden können. Unter der Korrelation versteht man eine Maßeinheit, die angibt, wie ähnlich sich zwei verschiedene Investments verhalten. Korreliert das Fondsvermögen mit einem Faktor von + 1 zur Wertentwicklung des DAX, so heißt das, dass sich beide Investments in der Vergangenheit exakt gleich bewegt haben und ein DAX-Future ein gutes Instrument ist, um sich gegen Schwankungen des Anlageportfolios abzusichern. Je geringer dieser Korrelationsfaktor ist, umso weniger gleichläufig bewegen sich beide Investments. Bei einem Korrelationsfaktor von –1 erfolgten die Schwankungen in der Vergangenheit exakt gegenläufig.

Das Beta gibt an, wie stark eine Aktie oder ein Portfolio gegenüber einem Referenzindex wie beispielsweise dem DAX steigt oder fällt. Bei einem Beta-Faktor von eins sind die Ausschläge beider Portfolios exakt gleich stark, bei einem Wert von 1,5 beispielsweise schwankt Ihr Fondsportfolio 1,5-mal so stark wie der DAX, und bei einem Beta von unter eins fallen die Schwankungen geringer aus. Mit Hilfe dieser Kennzahlen, die Sie – zumindest für Einzelaktien – beispielsweise im *Handelsblatt* oder auf der Internetseite der Deutschen Börse finden können, muss ein Short Hedge mit Hilfe von Index-Futures entsprechend angepasst werden, um eine möglichst optimale Absicherung zu erzielen.

Zins-Futures

Neben Futures auf Aktienindizes bietet die EUREX auch Futures auf Rentenpapiere, also Anleihen, an. Bei Privatinvestoren sind diese Zins-Futures in der

Regel jedoch nicht sonderlich beliebt. Dies liegt sicherlich zum einen daran, dass die Welt der Zinsen auf den ersten Blick ein wenig komplexer erscheint als die Aktienwelt, und zum anderen daran, dass Investoren mit Zinspapieren eher konservative Anlagen in Verbindung bringen, mit denen es kaum möglich ist, eine ansprechend hohe Rendite zu erzielen. Einerseits ist an diesen Einwänden sicherlich etwas Wahres dran, andererseits bieten aber gerade Zins-Futures die Möglichkeit, von makroökonomischen Trends zu profitieren, an denen gerade ein Privatanleger sonst nur schwer partizipieren kann.

Die Preisbildung einer Anleihe

Bevor Sie in die Thematik der Zins-Futures einsteigen, müssen Sie sich zuerst einmal überlegen, wie der Preis für eine Anleihe überhaupt zustande kommt. Anleihen sind nichts anderes als Zahlungsversprechen, die dem Käufer der Anleihe garantieren, in der Zukunft bereits heute bekannte Zahlungen zu erhalten.

Ein einfaches Beispiel macht dies klar: Sie kaufen heute eine Anleihe, die Ihnen garantiert, dass Sie über einen Zeitraum von fünf Jahren jährlich einen Zins von fünf Prozent gezahlt bekommen und am Ende des fünften Jahres auch Ihr investiertes Kapital zurückerhalten. Die Preise für Anleihen werden in der Regel auf 100 normiert, sodass Sie in diesem Beispiel davon ausgehen, das Sie auch 100 Euro investieren. Wie sehen dann Ihre Zahlungsströme in den kommenden fünf Jahren aus?

Nach Ablauf Jahr 1:	Zinszahlung von 5% x 100 Euro = 5 Euro
Nach Ablauf Jahr 2:	Zinszahlung von 5% x 100 Euro = 5 Euro
Nach Ablauf Jahr 3:	Zinszahlung von 5% x 100 Euro = 5 Euro
Nach Ablauf Jahr 4:	Zinszahlung von 5% x 100 Euro = 5 Euro
Nach Ablauf Jahr 5:	Zinszahlung von 5% x 100 Euro = 5 Euro + Rückzahlung der investierten 100 Euro

Sie wissen also heute schon genau, wann Sie welche Zahlung erhalten, und müssen jetzt nur noch überlegen, wie viel diese Zahlungen heute wert sind.

Ist eine Zinszahlung von fünf Euro in einem Jahr genauso viel wert wie die gleiche Zahlung in vier Jahren? Die Antwort ist: Nein, denn je früher Sie eine Zinszahlung bekommen, desto eher können Sie dieses Geld wieder anlegen und weitere Renditen damit erwirtschaften. Daraus folgt, dass eine Zahlung heute umso weniger wert ist, je weiter sie in der Zukunft liegt. Dieser Grundgedanke nennt sich Barwertprinzip und ist eine der wichtigsten Grundlagen der Finanzmathematik. Wir müssen nun den Barwert, also den heutigen Wert, jeder Zahlung errechnen, die aus unserer Anlage in einer Anleihe in der Zukunft erfolgen wird.
Die Formel zu Errechnung des Barwertes lautet:

$$Barwert = \frac{Zahlung}{\left(1 + \frac{Zinssatz}{100}\right)^{\text{Laufzeit}}}$$

Diese Formel wenden Sie nun für jeden einzelnen Zahlungsstrom unseres Anleiheninvestments an und addieren die so ermittelten Barwerte. Der zu verwendende Zinssatz ist der für die Laufzeit gültige Anleihenzinssatz. Dieser Zinssatz muss nicht mit der Höhe der Zinszahlung der Anleihe übereinstimmen. Aus diesem Grunde werden im Beispiel nicht fünf Prozent verwendet, sondern nur drei Prozent. Es wäre ja möglich, dass die von Ihnen gekaufte Anleihe in einer Zinsphase emittiert wurde, während der ein Marktzins von fünf Prozent üblich war, dieser Marktzins zurzeit jedoch deutlich tiefer liegt, nämlich bei drei Prozent.

Barwert der Zahlung nach Ablauf Jahr 1: $Barwert = \frac{5}{\left(1 + \frac{3}{100}\right)^{1}} = 4{,}854$

Barwert der Zahlung nach Ablauf Jahr 2: $Barwert = \frac{5}{\left(1 + \frac{3}{100}\right)^{2}} = 4{,}713$

Barwert der Zahlung nach Ablauf Jahr 3: $Barwert = \frac{5}{\left(1 + \frac{3}{100}\right)^{3}} = 4{,}576$

Barwert der Zahlung nach Ablauf Jahr 4: $Barwert = \frac{5}{\left(1 + \frac{3}{100}\right)^4} = 4{,}442$

Barwert der Zahlung nach Ablauf Jahr 5: $Barwert = \frac{5 + 100}{\left(1 + \frac{3}{100}\right)^5} = 90.574$

Wenn Sie diese einzelnen Barwerte nun addieren, erhalten Sie den Preis der Anleihe von 109,16 Euro. Auf diese Art und Weise lässt sich für jede Anleihe ein fairer Wert ermitteln. An dieser Stelle wird ebenfalls deutlich, dass sich der Wert einer Anleihe genau invers zur Entwicklung des allgemeinen Marktzinses bewegt. Steigt dieser allgemeine Marktzins an, so fällt der Wert einer Anleihe und umgekehrt. Sie können das leicht nachvollziehen, wenn Sie in unsere Barwertberechnung nicht einen Marktzinssatz von drei Prozent, sondern von zehn Prozent einsetzen. In diesem Fall läge der Wert der Anleihe deutlich niedriger, nämlich bei 81,05 Euro.

Bei dieser Berechnung wird implizit vorausgesetzt, dass der Zinssatz für die Barwertermittlung über alle Laufzeiten hinweg konstant bei drei Prozent liegt. In der Praxis ist dies jedoch nicht der Fall, und für unterschiedliche Laufzeiten gelten auch unterschiedliche Zinssätze. Dies ist für die einführende Betrachtung jedoch erst einmal nicht relevant.

Unterschiede zwischen Aktien- und Anleihe-Futures

Ihr bisheriges Wissen über die Preisermittlung eines Futures können Sie vom Aktien- auf den Anleihenmarkt weitgehend übertragen. Allerdings besitzen Anleihen eine Eigenschaft, die sie grundlegend von Aktien unterscheidet und die bei der Ausgestaltung eines Futures-Kontraktes berücksichtigt werden muss: Im Gegensatz zu Aktien, die prinzipiell eine unendliche Laufzeit haben, besitzen Anleihen eine Fälligkeit. Würde ein Zins-Future, dessen Basiswert eine Anleihe ist, auf einer echten, sagen wir zehnjährigen, Anleihe basieren, so wäre diese Anleihe nach einem Jahr keine Anleihe mit einer zehnjährigen, sondern mit einer neunjährigen Laufzeit. Die Marktteilnehmer an der EUREX bevorzugen aber eine Anleihe, die immer die gleiche Restlaufzeit hat, um so ganz gezielt Zinsrisiken einer bestimmten Laufzeit absichern zu können.

Um dieses Problem zu lösen, basieren die Zins-Futures der EUREX nicht auf einer tatsächlich existierenden Anleihe, sondern auf einer so genannten idealtypischen Anleihe mit einer konstanten Restlaufzeit. Diese Restlaufzeit unterscheidet sich bei den verschiedenen angebotenen Futures. Der umsatzstärkste Zins-Future an der EUREX ist der so genannte Euro-Bund-Future, der in der Regel nur Bund-Future genannt wird. Dieser Future bezieht sich auf eine deutsche Staatsanleihe mit einer Restlaufzeit von 8,5 bis 10,5 Jahren und einem Coupon von sechs Prozent. Genau wie bei den Aktienindex-Futures wird auch dieser Future mit drei unterschiedlichen Laufzeiten gehandelt, die in den Zyklus März, Juni, September und Dezember fallen. Im Unterschied zu den uns bereits bekannten Aktienindex-Futures werden Zins-Futures bei Fälligkeit jedoch nicht durch eine Ausgleichszahlung abgerechnet, sondern durch die tatsächliche Lieferung des Basiswertes. Wie soll man aber den Basiswert liefern, wenn es sich dabei nur um ein fiktives Instrument handelt, das es in der Realität gar nicht gibt?

Zunächst einmal erlaubt die EUREX die Lieferung aller Anleihen, die die folgenden drei Kriterien erfüllen:

1.) Bei der zu liefernden Anleihe muss es sich um eine Bundesanleihe oder um eine Schuldverschreibung der Treuhandanstalt handeln.

2.) Die Anleihe muss mit einem Volumen von mindestens zwei Milliarden Euro emittiert worden sein.

3.) Die Restlaufzeit der Anleihe muss zwischen 8,5 und 10,5 Jahren liegen.

Problematisch an dieser doch recht weiten Definition ist die Tatsache, dass die in Frage kommenden Anleihen zum Teil völlig verschiedene Couponhöhen aufweisen und aus diesem Grund nicht miteinander verglichen werden können. Dieses Problem wird gelöst, indem die EUREX für jede in Frage kommende Anleihe einen so genannten Konvertierungsfaktor ausrechnet, indem sie wiederum die Zahlungsströme aus den einzelnen Anleihen mit dem idealtypischen Zinssatz von sechs Prozent abzinst und den daraus resultierenden Preis der Anleihe durch 100 dividiert. Der so errechnete Konvertierungsfaktor wird dann dazu verwendet, den Abwicklungspreis für die Übertragung der Anleihe zu ermitteln.

Das gleiche Prinzip gilt auch für alle anderen an der EUREX gehandelten Futures auf Anleihen, die sich nur durch die Restlaufzeit des Basiswertes sowie den fiktiven Coupon voneinander unterscheiden. Ebenfalls gleich bei allen Anleihen-Futures ist die Tatsache, dass sie sich auf Kontraktvolumen von 100.000 Euro beziehen und auf zwei Stellen hinter dem Komma festgesetzt werden. Die kleinste Preisveränderung beträgt hier also 0,01 Prozent oder zehn Euro.

Trading mit Zins-Futures

Wie kann ein Anleger diese Futures gewinnbringend für sich nutzen? Zunächst einmal gibt es, wie bei den Aktienindex-Futures, die Möglichkeit, einen Future zu kaufen beziehungsweise zu verkaufen, um direkt von Preisänderungen des Futures zu profitieren. Wie Sie bereits wissen, wird der Preis der Anleihe beziehungsweise des Futures von der Höhe des gerade für diese Laufzeit geltenden Marktzinses bestimmt. Daraus folgt, dass ein Anleger, der einen Bund-Future kauft, davon ausgeht, dass die Zinsen im Laufzeitbereich von 8,5 bis 10,5 Jahren fallen werden, da der Wert der Anleihe und somit auch der des Futures in diesem Fall steigt. Ein verkaufter Bund-Future ist dann profitabel, wenn die Zinsen steigen, wodurch der Preis der Anleihe und des entsprechenden Bund-Futures fallen. Derartige Handelsstrategien sind im Bereich der Zins-Futures jedoch relativ selten anzutreffen. Deutlich populärer sind hier Inter Contract oder Inter Future Spreads, wie wir sie bereits bei Aktienindex-Futures kennen gelernt haben. Diese Spreads werden oft dazu verwendet, um von Veränderungen der Zinsstrukturkurve zu profitieren. Die Zinsstrukturkurve erhält man, wenn man die Zinssätze für verschiedene Anlagelaufzeiten in einen Chart einträgt.

Exkurs: Zinsstrukturkurven

In der Regel bekommen Anleger, die ihr Geld längerfristig anlegen möchten, einen höheren Zinssatz als Anleger, die eine kurzfristige Anlage bevorzugen. Mit zunehmender Anlagedauer steigen also die Zinssätze. In diesem Fall spricht man von einer normalen Zinsstrukturkurve. Unterscheiden sich die Zinssätze für eine kurz- und eine langfristige Anlage kaum oder gar nicht voneinander, spricht man von einer flachen Zinsstrukturkurve, und bei Zinssätzen, die für kurzfristige Anlagen höher liegen als für längerfristige, spricht man von einer inversen Zinsstrukturkurve. Diese Zinsstrukturkurve unterscheidet sich von Währungsraum zu Währungsraum und verändert sich laufend.

Die folgende Abbildung beschreibt die Zinsstrukturkurven der Währungsgebiete Euro, Britisches Pfund, US-Dollar und Japanischer Yen. Während der Euro-Raum und Japan eine normale Zinsstrukturkurve aufweisen, ist sie für den US-Dollar fast flach und beim Englischen Pfund leicht invers.

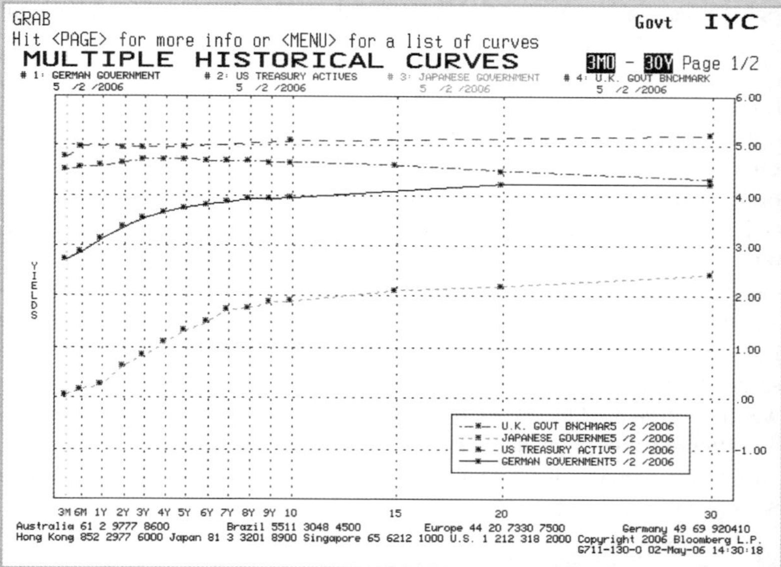

Abbildung 5: Zinsstrukturkurven

Veränderungen der Zinsstrukturkurve ausnutzen

Von Veränderungen der Zinsstrukturkurve kann man mit Hilfe von Anleihen-Futures und Spread-Positionen profitieren. Angenommen, Sie als Anleger sind der Überzeugung, dass derzeitig die Zinsdifferenz zwischen dem Zins für eine fünfjährige Anlage und eine zehnjährige Anlage zu niedrig ist, und Sie erwarten für die Zukunft eine größere Differenz; die Zinsstrukturkurve wird in diesem Bereich also steiler. Zu diesem Zweck handeln Sie die beiden Futures, die am ehesten den von Ihnen betrachteten Laufzeitbereichen entsprechen. Der Euro-Bobl-Future basiert auf einer Anleihe mit einer Restlaufzeit von 4,5 bis 5,5 Jahren, und der Euro-Bund-Future entspricht einer Anleihe mit einer Restlaufzeit von 8,5 bis 10,5 Jahren. Diese beiden Futures sind also die besten Instrumente, um Ihre Marktmeinung adäquat umzusetzen. Eine steilere Zinsstrukturkurve im Laufzeitbereich von fünf bis zehn Jahren entwickelt sich dann, wenn der Zinssatz für eine zehnjährige Anlage stärker steigt oder weniger fällt als der Zins für eine Anlage im fünfjährigen Bereich.

Da sich Anleihen- und Futures-Preise gegensätzlich zu den jeweiligen Zinssätzen entwickeln, setzen Sie diese Strategie um, indem Sie den Bund-Future-Kontrakt verkaufen und gleichzeitig den Bobl-Future-Kontrakt kaufen. Wird die Zinsstrukturkurve dann tatsächlich steiler, so steigt der Zins für die längere Laufzeit, und der Bund-Future fällt, während der Zins für den fünfjährigen Bereich fällt und der Bobl-Future somit steigt. Die EUREX bietet für viele dieser Spread-Trades sowohl im Aktien- als auch im Zinsbereich mittlerweile die Möglichkeit, eine so genannte Kombinationsorder aufzugeben, bei der nicht mehr die einzelnen Preise der Futures, zu denen ge- beziehungsweise verkauft wird, angegeben werden müssen. Stattdessen nennt der Kunde nur die von ihm gewünschte Differenz zwischen den beiden Futures-Preisen, und die Order wird ausgeführt, sobald dies möglich ist, ohne dabei die absoluten Futures-Stände zu berücksichtigen.

Optionen

Was sind Optionen?

Neben Futures sind Optionen die zweite große Gruppe von an der EUREX gehandelten Derivaten. Vom Prinzip her ist die Funktionsweise von Optionen nicht schwieriger zu verstehen als die von Futures. Gerade Optionen und ihre Kombination untereinander eröffnen dem Privatanleger eine Vielzahl von Anlagemöglichkeiten – von hochspekulativ bis sehr konservativ. Ähnlich wie bei der Einführung in die Welt der Futures sollten Sie sich hier zuerst einmal die Lehrbuchdefinition anschauen.

Eine Option ist das Recht, ein bestimmtes Gut zu einem vorher festgelegten Preis zu einem festgelegten Zeitpunkt in einer festgelegten Menge in der Zukunft zu kaufen oder zu verkaufen.

Aus dieser Definition wird bereits der wichtigste Unterschied zwischen einer Option und einem Future- oder Forward-Kontrakt deutlich: Während Käufer und Verkäufer eines DAX-Futures im Zeitpunkt des Vertragsabschlusses beide an die Erfüllung des Vertrages gebunden sind, ist dies bei Optionen nicht der Fall. Optionen stellen zumindest für ihren Besitzer keine Verpflichtung, sondern ein Recht da, von dem er Gebrauch machen kann, dies aber nicht muss. Spricht man bei Futures auch von unbedingten Termingeschäften, so sind Optionen in den Bereich der bedingten Termingeschäfte einzuordnen.

Calls und Puts

Man unterteilt Optionen in zwei Gruppen: Eine Option, die zum Kauf eines Basiswertes berechtigt, wird Kaufoption oder auch Call genannt; eine Option, die zum Verkauf eines Basiswertes berechtigt, wird Verkaufsoption oder Put genannt. Der zugrunde liegende Basiswert wird oft auch als Underlying bezeichnet.

Wie genau funktionieren diese Optionen? Um das zu veranschaulichen, kehren Sie wieder zum Beispiel des Autokaufes zurück, mit dessen Hilfe Sie sich auch die Funktionsweise eines Futures verdeutlicht haben.

Die Option beim Autokauf

Stellen Sie sich in diesem Zusammenhang Folgendes vor: Statt einen für beide Seiten verbindlichen Kaufvertrag zu schließen, ist der Autohändler bereit, Ihnen eine Kaufoption einzuräumen, die Sie berechtigt, innerhalb eines halben Jahres das von Ihnen favorisierte Fahrzeugmodell zu einem Preis von 10.000 Euro zu kaufen. Da es sich um eine Option handelt, können Sie diese Option zwar einlösen, müssen es aber nicht. Das halbe Jahr verstreicht, Sie haben sich endgültig zum Kauf eines neuen Autos entschlossen und statten Ihrem Händler einen Besuch ab, der Ihnen freudestrahlend erklärt, dass das von Ihnen ausgesuchte Modell jetzt nicht mehr 10.000 Euro kostet, sondern nur noch 9.500 Euro. Nehmen Sie die Ihnen immer noch zustehende Option wahr und kaufen das Auto zu einem Preis von 10.000 Euro? Natürlich nicht, denn ohne Wahrnehmung Ihrer Option müssen Sie ja 500 Euro weniger dafür bezahlen. Sie lassen Ihre Option also verfallen. Wäre der aktuelle Preis des Fahrzeuges jedoch höher als 10.000 Euro, so würden Sie umgehend Ihre Option ausüben und den Wagen für 10.000 Euro kaufen, unabhängig davon, wie teuer er wirklich ist, denn Sie sind ja Inhaber des Optionsrechtes. Genau so funktioniert auch eine an der EUREX gehandelte Kauf-Option auf eine Aktie.

Call-Optionen auf Aktien

Übertragen Sie nun Ihre Erkenntnisse auf die folgende, an der EUREX gehandelte Option.

Kaufoption auf eine Aktie der Allianz AG	
Basispreis (Strike):	180,00 Euro
Fälligkeit (Maturity):	21. Dezember 2007
Preis der Option (Prämie):	3,60 Euro
Kurs der Allianz-Aktie:	134,30 Euro

Angenommen, Sie kaufen diese Option zum Erwerb einer Allianz-AG-Aktie und bezahlen 3,60 Euro dafür. Welches Recht besitzen Sie dann? Die Antwort ist einfach, denn alle notwendigen Informationen sind Ihnen bereits bekannt. Als Besitzer der Option haben Sie das Recht, bis zum 21. Dezember 2007 eine Allianz-Aktie zu einem Preis von 180,00 Euro vom Verkäufer des Optionsrechtes zu beziehen. Zurzeit steht der Kurs der Allianz-Aktie bei 134,30 Euro. Macht es jetzt Sinn, diese Option auszuüben und mit Hilfe des Optionsrechtes die Aktie für 180 Euro zu erwerben? Natürlich nicht, denn ohne die Ausübung der Option können Sie die Aktie deutlich billiger direkt an der Börse erwerben. Machen Sie einen Zeitsprung zum Dezember des Jahres 2007. Die Aktienmärkte haben sich bis dahin prächtig entwikkelt, und die Allianz-Aktie wird zu diesem Zeitpunkt mit 225 Euro gehandelt. Die Laufzeit der Option geht ihrem Ende entgegen, und es stellt sich die Frage, ob Sie von Ihrem Optionsrecht Gebrauch machen sollen. Selbstverständlich, denn über Ihre Option kaufen Sie die Aktie für 180 Euro und können diese im gleichen Moment wieder für 225 Euro an der Börse verkaufen. Die Differenz von 45 Euro, abzüglich des Kaufpreises für Ihre Kaufoption von 3,60 Euro, ist dann Ihr Gewinn. Eine Kaufoption zu erwerben ist also dann sinnvoll, wenn Sie von steigenden Kursen ausgehen und der Meinung sind, bei Fälligkeit der Option steht der Preis der damit zu beziehenden Aktie über dem Ausübungspreis der Option, der auch Basispreis

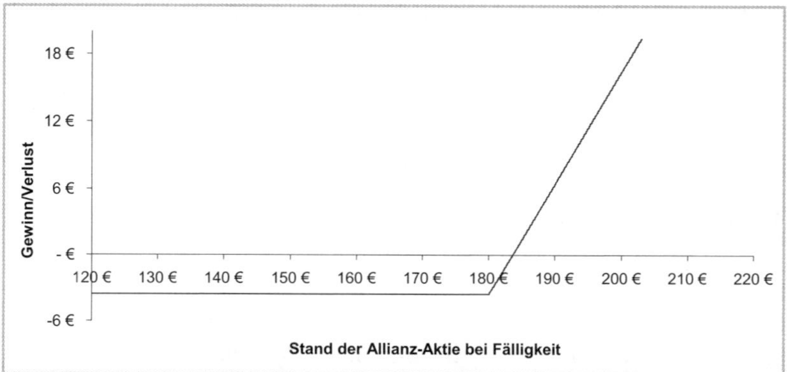

Abbildung 6: Gewinn-und-Verlust-Szenario Long-Call-Position

oder Strike genannt wird. Je höher der Preis der Aktie über dem Strike steht, desto besser für Sie und desto höher der Gewinn. Solange dies nicht eintrifft, werden Sie Ihre Option auch nicht ausüben, und der Kaufpreis der Option kann als Verlust verbucht werden. Dieses Gewinn-Verlust-Profil kann man sich, ähnlich wie Sie das bereits bei den Futures gesehen haben, in einem Chart vor Augen führen. In der Praxis werden diese Auszahlungscharts aufgrund ihres Aussehens oft auch Hockey Sticks genannt.

Diese Grafik stellt die Funktionsweise einer gekauften Call-Option, die auch als Long-Call bezeichnet wird, anschaulich da. Steht der Kurs der Allianz-Aktie am Tag der Fälligkeit der Option unter 180 Euro, so macht ein Ausüben der Option keinen Sinn, und die investierten 3,60 Euro sind verloren. Dabei ist es egal, ob die Allianz-Aktie bei 179,99 Euro oder bei zehn Euro steht, Ihr Verlust ist begrenzt auf die eingesetzte Optionsprämie von 3,60 Euro. Steht die Allianz-Aktie bei Fälligkeit aber über 180 Euro, üben Sie die Option aus und können die billig erworbene Aktie sofort wieder im Markt verkaufen und einen Gewinn erzielen. Machen Sie aber wirklich einen Gewinn, wenn Sie die Aktie über die Option zu 180 Euro erwerben und im Markt direkt wieder für 181 Euro verkaufen können? Die Antwort ist: Nein, denn der Gewinn aus dem sofortigen Verkauf der Aktie von einem Euro reicht nicht aus, um den Kaufpreis der von Ihnen gekauften Option von 3,60 Euro wieder hereinzuholen. Er reduziert nur Ihren ursprünglichen Geldeinsatz (Prämie). Erst wenn Sie die Aktie im Markt teurer als 183,60 Euro verkaufen können, nachdem Sie sie über die Option für 180 Euro bezogen haben, haben Sie die Investition von 3,60 Euro wieder hereingeholt und darüber hinaus noch einen Gewinn. Diese Gewinnschwelle von 183,60 Euro wird auch Break-even genannt. Je höher die Aktie am Fälligkeitstag über dem Break-even steht, desto höher ist Ihr Gewinn, der theoretisch unendlich hoch sein kann, da der Kurs der Allianz-Aktie ebenfalls unendlich steigen kann.

Put-Optionen auf Aktien

Ähnlich wie ein Long-Call funktioniert auch ein Long-Put. Im Unterschied zu einem Call besitzt der Käufer einer Put-Option nicht das Recht, den entsprechenden Basiswert zu einem bestimmten Preis zu kaufen, sondern ihn zu einem bestimmten Preis verkaufen zu können. Dies wird an dem folgenden konkreten Beispiel deutlich.

Verkaufsoption auf eine Aktie der Allianz AG	
Basispreis (Strike):	100,00 Euro
Fälligkeit (Maturity):	21. Dezember 2007
Preis der Option (Prämie):	3,78 Euro
Kurs der Allianz-Aktie:	134,30 Euro

Schauen Sie sich an, welches Recht Sie nach dem Erwerb dieser Put-Option für 3,78 Euro haben. Als Besitzer dieser Put-Option besitzen Sie das Recht, eine Allianz-Aktie bis zum 21. Dezember 2007 für 100 Euro an den Verkäufer der Put-Option zu verkaufen. Würden Sie dieses Recht im Augenblick ausnutzen? Sicherlich nicht, denn es macht keinen Sinn, eine Allianz-Aktie mit Hilfe einer Option für 100 Euro zu verkaufen, wenn sie gleichzeitig an der Börse für 134,30 Euro verkauft werden kann. Sollte also bei Fälligkeit der Option der Kurs der Allianz-Aktie über 100 Euro steigen, macht es keinen Sinn, Ihre Option auszuüben, und die investierte Optionsprämie ist verloren. Auch hier spielt es keine Rolle, ob die Aktie dann bei 100,01 Euro oder 200 Euro steht, auf die Höhe Ihres Verlustes hätte dies keinen Einfluss. Erst wenn bei Fälligkeit der Option der Kurs der Aktie unterhalb des Strikes notiert, kaufen Sie die Aktie billig an der Börse, um sie im gleichen Moment mit Hilfe der Option teurer wieder zu verkaufen. Auch das Gewinn-und-Verlust-Profil eines Long-Puts kann man mit Hilfe einer Grafik veranschaulichen.

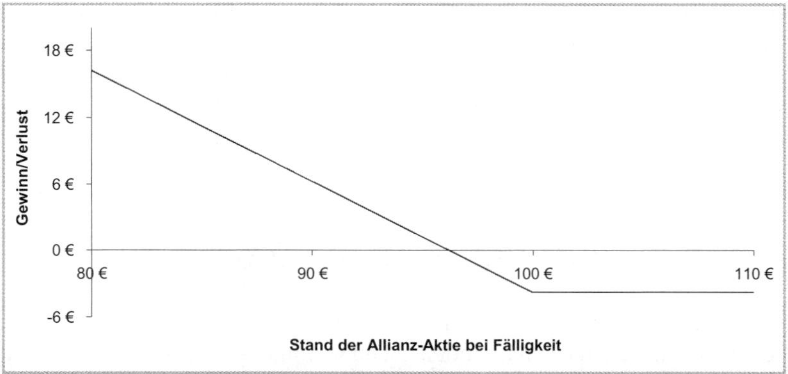

Abbildung 7: Gewinn-und-Verlust-Szenario Long-Put-Option

Ähnlich wie bei der Call-Option ist ein Aktienkurs, der unterhalb des Strikes liegt, noch keine Garantie für ein profitables Geschäft. Erst wenn Sie durch den Kauf der Aktie an der Börse und gleichzeitigen Verkauf des Papiers mit Hilfe der Put-Option mehr Gewinn erzielen, als Sie die Option beim Kauf gekostet hat, erzielen Sie einen Gewinn. Dieser Gewinn ist im Gegensatz zu dem einer Call-Option nicht unbegrenzt, da der Wert einer Aktie nicht kleiner als null sein kann. In Ihrem Fall läge der maximale Gewinn bei einem Allianz-Kurs von null Euro:

100 Euro – 3,78 Euro (Optionsprämie) = 96,22 Euro pro Option. Verglichen mit Ihrem Investment von 3,78 Euro ist dies allerdings immer noch ein enormer prozentualer Gewinn von über 2.500 Prozent.

Im Geld, am Geld, aus dem Geld

Sowohl bei Calls als auch bei Puts werden drei verschiedene Begriffe verwendet, um zu beschreiben, in welchem Verhältnis der Ausübungspreis also der Strike, zum aktuellen Kur des Basiswertes steht. Macht es prinzipiell Sinn, eine Option auszuüben, so wird diese Option auch mit dem Begriff »im Geld« oder »in the money« bezeichnet. Bei einem Call wäre das also der Fall, wenn der Ausübungspreis niedriger ist als der aktuelle Aktienkurs, während der Ausübungspreis bei einem Put höher sein muss als der aktuelle Kurs des Basiswertes. Das Gegenteil, also der Fall, in dem es keinen Sinn macht, eine Option auszuüben, wird mit dem Begriff »aus dem Geld« oder »out of the money« bezeichnet. Bei einem Call liegt dann der Ausübungspreis höher als der aktuelle Kurs des Basiswertes, während er bei einem Put niedriger liegt. Ist der Ausübungspreis sehr nahe am Kurs des Basiswerts, wird die Option mit dem Begriff »am Geld« oder »at the money« bezeichnet.

Verkauf einer Call-Option (Short-Call)

Bisher haben Sie Calls und Puts immer aus der Sicht des Käufers betrachtet, doch da, wo ein Käufer handelt, ist auch immer ein Verkäufer. Optionen kann man an der EUREX natürlich nicht nur kaufen, sondern auch verkaufen. Mit welcher Absicht geschieht dies wohl? Die Antwort darauf ist rela-

tiv einfach: Optionen werden in der Regel verkauft, weil der Verkäufer der Meinung ist, das diese Optionen wertlos verfallen, es am Ende der Laufzeit also keinen Sinn macht, diese auszuüben, weil der Basiswert unter- (bei Calls) oder oberhalb (bei Puts) des Ausübungspreises notiert. Im Gegensatz zu gekauften Optionen, die mit dem Begriff Long-Call/-Put bezeichnet werden, nennt man diese verkauften Optionen Short-Call/-Put.
Schauen Sie sich die bereits bekannte Allianz-Call-Option aus der Sicht des Verkäufers an:

Kaufoption auf eine Aktie der Allianz AG	
Basispreis (Strike):	180,00 Euro
Fälligkeit (Maturity):	21. Dezember 2007
Preis der Option:	3,60 Euro
Kurs der Allianz-Aktie:	134,30 Euro

Für diese Option erhält der Verkäufer einen Betrag von 3,60 Euro. Steht am Fälligkeitstag der Option der Kurs der Allianz-Aktie unter 180 Euro, so wird der Käufer diese Option nicht ausüben, und die 3,60 Euro aus dem Verkauf der Option können als Gewinn verbucht werden. Steht die Aktie der Allianz AG jedoch über 180 Euro, so muss der Verkäufer der Option diese Aktie teuer an der Börse kaufen, um sie anschließend dem Käufer zu einem niedrigeren Preis weiterzuverkaufen. Auch das Gewinn-Verlust-Profil eines Short-Calls kann man mit Hilfe der Ihnen bereits bekannten Abbildung verdeutlichen:

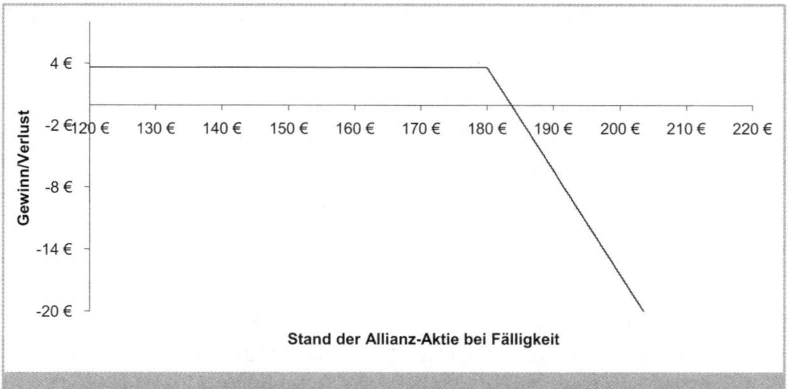

Abbildung 8: Gewinn-und-Verlust-Szenario Short-Call-Position

Wie man sieht, ist diese Abbildung ein um die X-Achse gespiegeltes Abbild der Grafik für einen Long-Call. Bei einer verkauften Call-Option ist der Gewinn begrenzt auf die für diese Option erhaltene Prämie von 3,60 Euro. Wenn der Kurs der Allianz-Aktie über 180 Euro steigt, verringert das zunächst einmal Ihren Gewinn, da Sie für die Aktie an der Börse mehr bezahlen müssen, als Sie vom Käufer der Option dafür bekommen. Erst nachdem die Differenz zwischen dem aktuellen Kurs der Allianz-Aktie und dem Ausübunspreis größer ist als die erhaltene Optionsprämie von 3,60 Euro, machen Sie einen wirklichen Verlust. Der von Ihnen für die Long-Call-Position bereits errechnete Break-even-Punkt 183,60 Euro ist in diesem Fall also Ihre Verlustschwelle. Während der maximale Gewinn begrenzt ist, ist es der maximale Verlust nicht, und er wird größer, je weiter der Kurs des Basiswertes über den Ausübungspreis hinaus steigt.

Verkauf einer Put-Option (Short-Put)

Ähnlich ist es beim Verkauf einer Put-Option, einem so genannten Short-Put. Auch hier hofft der Verkäufer, dass die Option am Ende ihrer Laufzeit wertlos verfällt und vom Käufer nicht ausgeübt wird. Zu diesem Zweck muss der Kurs des Basiswertes bei Fälligkeit der Option oberhalb des Ausübungspreises stehen. Steht er unterhalb des Strikes, so wird der Käufer der Option die Aktie bei Fälligkeit billig an der Börse kaufen, um sie dem Verkäufer der Option im Rahmen der Ausübung zu einem höheren Preis wieder zu verkaufen. Nehmen Sie die Ihnen bereits bekannte Put-Option und schauen sich deren Gewinn-und-Verlust-Profil aus Sicht des Verkäufers in Form einer Hockey-Stick-Grafik an:

Verkaufsoption auf eine Aktie der Allianz AG	
Basispreis (Strike):	100,00 Euro
Fälligkeit (Maturity):	21. Dezember 2007
Preis der Option:	3,78 Euro
Kurs der Allianz-Aktie:	134,30 Euro

Solange die Allianz-Aktie bei Fälligkeit der Option oberhalb von 100 Euro steht, kann der Verkäufer der Put-Option die erhaltene Prämie von 3,78 Euro komplett als Gewinn für sich verbuchen. Steht die Aktie unterhalb von 100 Euro, so übt der Käufer der Put-Option diese aus und verkauft Ihnen als

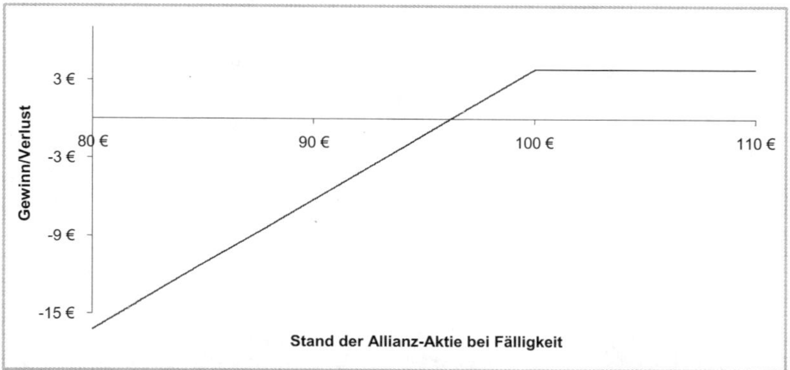

Abbildung 9: Gewinn-und-Verlust-Szenario Long-Put-Position

Verkäufer der Option eine Allianz-Aktie zu einem höheren Preis, als er an der Börse bezahlt wird, und Sie erleiden einen Verlust. Dieser Verlust kann sehr groß werden, ist jedoch begrenzt, da auch hier gilt, dass eine Aktie niemals unter einen Kurs von null Euro fallen kann. Gehen Sie von dem unwahrscheinlichen Fall aus, das die Allianz AG Konkurs anmelden muss und ihre Aktie auf null Euro fällt. In diesem Fall kann Ihnen der Käufer der Verkaufsoption eine wertlose Aktie für 100 Euro verkaufen, und Ihr Verlust wäre in diesem Fall 100 Euro abzüglich der Optionsprämie von 3,78 Euro, also 96,22 Euro.

Ein Überblick

Verdeutlichen Sie sich den Aufbau und die Eigenschaften eines Long-Calls/-Puts und eines Short-Calls/-Puts noch einmal anhand der folgenden Tabelle:

Bei keiner der vier Grundpositionen ist es nötig, bis zu ihrer Fälligkeit zu warten, um Gewinne oder Verluste realisieren zu können. Durch ein entsprechendes Gegengeschäft kann jede ge- beziehungsweise verkaufte Option wieder verkauft beziehungsweise zurückgekauft werden. Gewinne können so frühzeitig realisiert und Verluste begrenzt werden.

	Long-Call	Short-Call	Long-Put	Short-Put
Transaktion …	Kauf einer Kaufoption	Verkauf einer Kaufoption	Kauf einer Verkaufs-option	Verkauf einer Ver-kaufsoption
… ist profita-bel, wenn der Aktienkurs des Basiswertes bei Fälligkeit …	… über dem Ausübungs-preis liegt	… unter dem Ausübungs-preis liegt	… unter dem Ausübungs-preis liegt	… über dem Ausübungs-preis liegt
Das Gewinnpo-tenzial ist …	unbegrenzt	begrenzt auf die eingenom-mene Options-prämie	sehr hoch, aber nicht unbegrenzt	begrenzt auf die eingenom-mene Opti-onsprämie
Das Verlustpo-tenzial ist …	… begrenzt auf die gezahl-te Optionsprä-mie	… unbegrenzt	… begrenzt auf die ge-zahlte Opti-onsprämie	… sehr hoch, aber nicht unbegrenzt

Die vier Grundpositionen des Optionshandels lassen sich beliebig kombinieren und ermöglichen es dem Anleger, in jeder erdenklichen Marktsituation eine ansehnliche Rendite zu erwirtschaften. Die interessantesten dieser Kombinationsmöglichkeiten werden wir uns im weiteren Verlauf des Buches noch näher anschauen. Vorher müssen wir uns jedoch noch mit einigen Eigenschaften von Calls und Puts auseinander setzen, die für die profitable Anwendung dieser Instrumente von großer Bedeutung sind.

Preisbeeinflussende Faktoren

Zunächst einmal ist das der Preis einer Option. In den bisherigen Beispielen haben wir die Preise von Optionen immer als gegeben hingenommen, und Sie haben sich sicherlich schon die Frage gestellt, wie diese Preise zustande kommen. Ein Vorteil und auch gleichzeitig ein Nachteil von Optionen ist die Tatsache, dass ihr Wert nicht ausschließlich vom Preis des ihr zugrunde liegenden Basiswertes abhängt, sondern darüber hinaus von einigen anderen Faktoren, die ein Anleger kennen sollte, um vor bösen Überraschungen geschützt zu sein. Die beiden Wissenschaftler Fischer Black und Myron Scholes haben 1973 die nach ihnen benannte

Black-Scholes-Formel entwickelt, mit deren Hilfe man nach Eingabe aller relevanten Parameter den fairen Wert einer Option berechnen kann. Dafür haben sie im Jahr 1997 den Nobelpreis für Wirtschaftswissenschaften erhalten. Im nun folgenden Teil möchten wir Ihnen alle für die Preisbestimmung einer Option relevanten Einflussfaktoren erklären.

Der Preis des Basiswertes

Der wichtigste und sicherlich auch offensichtlichste Einflussfaktor für den Preis einer Option ist das Verhältnis von Strike und aktuellem Kurs des Underlyings. Bei der Betrachtung dieser und auch aller anderen Einflussgrößen nehmen wir an, dass sämtliche sonstigen Parameter gleich bleiben. Diese Sichtweise wird auch mit dem Begriff ceteris paribus bezeichnet. Die Preise für Call-Optionen werden höher, je billiger man mit Hilfe dieser Option eine Aktie beziehen kann. Daraus folgt, dass – bei gegebenem Aktienkurs – eine Kaufoption mit einem niedrigeren Strike immer teurer ist als eine Kaufoption mit einem höheren Strike. Bei Put-Optionen ist es genau umgekehrt: Hier wird eine Option umso wertvoller, je teurer man den Basiswert mit Hilfe dieser Option verkaufen kann. Daraus folgt, dass eine Put-Option teurer wird, je höher der Ausübungspreis dieser Option festgelegt wurde. Da die Ausübungspreise von Optionen festgelegt sind und sich nicht verändern können, hat natürlich die Bewegung des Underlying-Kurses den gleichen Effekt. Calls gewinnen an Wert, wenn der Preis des Underlyings steigt, während Put-Optionen an Wert gewinnen, wenn der Wert des Basiswertes sinkt.

Die Laufzeit

Optionen stellen ein zeitlich befristetes Recht dar, das nach dem Ende der Laufzeit der Option erlischt. Es ist daher logisch, dass eine Option umso teurer wird, je länger sie dem Inhaber dieser Option das entsprechende Optionsrecht einräumt. Dies ist bei Calls genauso wie bei Puts der Fall. Beide Optionsarten werden teurer, je länger die Laufzeit der entsprechenden Option ist. Der Grund dafür ist schlicht und ergreifend die Tatsache, dass mit längerer Laufzeit auch die Wahrscheinlichkeit größer wird, dass die Option am Ende ihrer Laufzeit im Geld liegt, es also Sinn macht, sie auszuüben und damit einen Profit zu erzielen.

Dividendenzahlungen

Da sich der Kurs einer Aktie bei der Auszahlung von Dividenden verändert, hat auch diese Ausschüttung einen Einfluss auf den Wert einer Option. Bei der Auszahlung einer Dividende handelt es sich um eine Vermögensübertragung des ausschüttenden Unternehmens auf die Anteilseigner. Aus diesem Grund verringert sich der Preis einer Aktie am Tag der Ausschüttung i.d.R. um den Betrag der pro Aktie ausgeschütteten Dividende. Je höher die Dividende, umso höher auch dieser so genannte Dividendenabschlag. Angenommen, Sie haben zwei verschiedene Aktiengesellschaften, die A-AG und die B-AG, deren Aktien momentan beide mit einem Preis von 100 Euro an der Börse gehandelt werden. Von Firma A wissen Sie, dass sie in einem halben Jahr eine Dividende von fünf Euro zahlen wird, von Firma B wissen Sie, dass sie nicht beabsichtigt, eine Dividende auszuschütten. In Bezug auf Umsatz, Gewinn und Zukunftsaussichten herrschen bei beiden Firmen die gleichen Voraussetzungen: Welche Aktie wird in einem Jahr wohl höher notieren? Es sind die Aktien der Firma B, weil dort kein Unternehmenswert an die Anteilseigner in Form einer Dividende ausgeschüttet wird. Künftige Dividendenzahlungen senken i.d.R. den künftigen Wert des Unternehmens und somit der Aktie. Je höher diese Ausschüttung sein wird, desto höher also auch der Abschlag im Kurs. Wie Sie bereits wissen, verlieren Call-Optionen bei sinkendem Aktienkurs an Wert, während Put-Optionen in so einem Fall an Wert zulegen. Aus diesem Grund hat eine künftige geplante oder von Experten prognostizierte Dividende auch einen interessanten Effekt auf Calls als auf Puts. Dividendenzahlungen verringern den Wert einer Kaufoption, während sie den Wert einer Verkaufsoption erhöhen. Dass dies durchaus dramatische Folgen haben kann, zeigte sich Ende der 90er-Jahre, als die damals noch existierende Daimler-Benz AG überraschend eine Sonderdividende von fünf D-Mark ankündigte. Plötzlich waren alle Call-Optionen, die nach der Dividendenauszahlung fällig wurden, deutlich weniger und Put-Optionen deutlich mehr wert. Investmentbanken mit großen Positionen in diesen Optionen verloren oder verdienten quasi innerhalb einer Sekunde siebenstellige Beträge, abhängig davon, ob sie mehr Calls oder mehr Puts auf Daimler-Benz besaßen.

Das Zinsniveau

Ähnlich wie Dividenden haben auch Zinssätze einen Einfluss auf die Preisberechnung von Optionen. Genauso wie der Besitzer eines Futures haben auch Besitzer einer Call-Option einen Zinsvorteil, dass sie nicht den Basiswert zu seinem vollen Preis kaufen, sondern nur einen Bruchteil davon in eine Option investieren, mit deren Hilfe sie aber trotzdem die Kontrolle über den Basiswert besitzen. Dieser Vorteil ist nicht umsonst zu haben, sondern muss vom Optionskäufer in Form eines Preisaufschlages bezahlt werden. Je höher der Marktzins, desto größer ist auch dieser Vorteil und desto teurer werden Call-Optionen. Bei Put-Optionen ist das genaue Gegenteil der Fall: Der Inhaber einer Put-Option verkauft seine Aktie nicht sofort, sondern erst bei Fälligkeit dieser Option, indem er sie ausübt. Das in der Zwischenzeit durch den Besitz des Underlyings gebundene Kapital kann also nicht zinsbringend angelegt werden und verursacht demzufolge Kosten. Diese Kosten lässt sich der Put-Käufer durch einen Abschlag auf den Preis der Put-Option finanzieren. Je höher der risikolose Zinssatz, umso größer dieser Abschlag und umso billiger die Put-Option.

Implizite Volatilität

Neben den bisher genannten gibt es noch eine weitere Einflussgröße bei der Preisberechnung von Optionen. Diese Einflussgröße hat neben dem Kurs des Basiswertes sicherlich den größten Einfluss und soll daher auch besonders ausführlich besprochen werden. Schauen wir uns die historische Kursentwicklung zweier fiktiver Aktiengesellschaften auf Basis der Monatsendkurse im Laufe des vergangenen Jahres an.

Beide Aktien stehen nach Ablauf eines Jahres wieder bei 100 Euro und weisen auch in Bezug auf Dividenden und Zinsen exakt die gleichen Voraussetzungen auf. Stellen Sie sich nun vor, sie müssten für beide Aktien den Preis einer Kaufoption mit einem Strike von 100 Euro, also at the money,

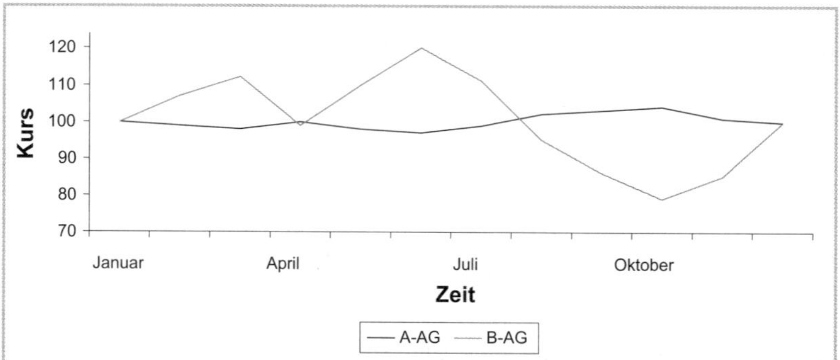

Abbildung 10: Historische Kursenentwicklung der A-AG und B-AG

und einer Laufzeit von einem Jahr abschätzen. Alle bisher genannten Einflussfaktoren sind bei beiden Aktien gleich. Würden Sie also beide auch das Gleiche kosten? Die Antwort ist: Nein. Wie Sie sehen, waren die Schwankungen des Aktienkurses der B-AG deutlich größer als die bei der A-AG, und das sowohl nach oben als auch nach unten. Man könnte an dieser Stelle argumentieren, dass sich dies ja aufhebt, da die Ausschläge nach oben ähnlich groß waren wie nach unten. Doch in dieser Argumentation steckt ein Denkfehler: Wie Sie bereits wissen, ist es für den Inhaber einer Kaufoption egal, ob der Kurs des Basiswertes bei Fälligkeit nur ganz leicht oder deutlich unter dem Ausübungskurs seiner Call-Option liegt. In beiden Fällen ist die Option wertlos, und die gezahlte Optionsprämie ist verloren. Nur bei Kursen oberhalb des Ausübungspreises profitiert er vom Kauf seiner Call-Option. Man spricht hier auch von einem asymmetrischen Auszahlungsprofil. Die Schwankungsbreite der Aktie hat also sehr wohl einen Einfluss auf den Wert einer Option, denn je größer diese Schwankungsbreite ist, desto wahrscheinlicher ist es auch, das man mit dieser Option einen Gewinn erzielen kann. Dies gilt sowohl für Calls als auch für Puts. Die Schwankungen, die Sie sich in diesem Beispiel angeschaut haben, waren die Schwankungen in der Vergangenheit, die oft auch als historische Volatilität bezeichnet werden. Was Sie für den Preis Ihrer Option benötigen, ist jedoch nicht die historische, sondern die für die Zukunft gültige Volatilität des Basiswertes, die in Prozent ausgedrückt wird.

Woher sollen Sie das aber wissen? Die Antwort ist einfach: Man kann es nicht wissen, sondern muss die künftige Volatilität eines Basiswertes schätzen. Grundlage dieser Schätzung ist sicherlich zu einem Großteil die historische Volatilität, doch auch dies ist nicht immer der Weisheit letzter Schluss. Befindet sich ein Unternehmen plötzlich in einer wirtschaftlichen Notlage oder konnte es sich ein bahnbrechendes Patent sichern, so werden die künftigen Schwankungen des Aktienkurses sicherlich höher sein, als dies in der Vergangenheit der Fall gewesen ist. Auch makroökonomische Ereignisse, wie zum Beispiel die Terroranschläge des 11. September, haben einen großen Einfluss auf Aktienkursvolatilitäten. Aus diesem Grund ist die Schätzung der künftigen Volatilität, die auch implizite Volatilität genannt wird, der komplexeste Teil im Rahmen der Optionspreisberechnung. Faktoren wie aktuelle Underlying-Kurse, Laufzeit der Option, Zinsen und Dividenden sind in der Regel allen Marktteilnehmern mehr oder weniger bekannt. Die implizite Volatilität hingegen kann man nur abschätzen. Je höher diese implizite Volatilität geschätzt wird, desto höher ist auch der Preis einer Option, unabhängig davon, ob es sich um einen Call oder um einen Put handelt. In der Regel kann man davon ausgehen, dass große und stabile Unternehmen deutlich geringer erwartete Kursschwankungen und damit implizite Voltalität der Optionen aufweisen als kleinere und damit riskantere Unternehmen. Aktien von im DAX enthaltenen Firmen haben in der Regel eine implizite Volatilität von 20 bis 40 Prozent. Während der Aufstiegs und Falls der Dot.com-Firmen gab es aber auch durchaus kleine, hochspekulative Internetfirmen, deren Aktienoptionen mit einer implizite Volatilität von 200 Prozent und mehr eingestuft wurden.

Auf einen Blick

Die relevanten Einflussfaktoren auf einen Optionspreis und ihre Auswirkungen sind in der folgenden Tabelle noch einmal zusammengefasst:

		Auswirkung auf den Preis eines	
		Calls	Puts
Preis des Basiswertes ...	steigt	+	–
	fällt	–	+
Laufzeit der Option ist ...	länger	+	+
	kürzer	–	–
Ausschüttung des Basiswertes ist ... (Dividende)	hoch	–	+
	niedrig	+	–
Aktuelles Zinsniveau ist ...	hoch	+	–
	niedrig	–	+
Voraussichtliche Schwankungsbreite des Basiswertes ist ...	hoch	+	+
	niedrig	–	–

Die zwei Bestandteile des Optionspreises

Der auf Basis der genannten Faktoren ermittelte Wert einer Option lässt sich in zwei verschiedene Bestandteile unterteilen. Um dies nachzuvollziehen, werfen Sie einen Blick auf folgende, an der EUREX gehandelte Option:

Call-Option auf eine Aktie der Bayer AG	
Basispreis (Strike):	34,00 Euro
Fälligkeit (Maturity):	16. März 2007
Preis der Option:	3,33 Euro
Kurs der Bayer-Aktie:	35,00 Euro

Wie Sie sehen, befindet sich diese Option bereits im Geld, denn der aktuelle Kurs der Bayer-Aktie liegt oberhalb des Ausübungspreises. Wenn Sie die Option ausüben, bekommen Sie die Aktie um einen Euro billiger als über die Börse. Dieser Betrag von einem Euro ist der so genannte innere Wert einer Option, der auch gleichzeitig die Wertuntergrenze für diesen Call darstellt. Würde man die Option beispielsweise für 0,90 Euro kaufen können, so könnte man sie sofort ausüben und mit einem Gewinn von einem Euro an der Börse verkaufen. Abzüglich des Kaufpreises von 0,90 Euro für die Option wäre dies ein risikoloser Gewinn von 0,10 Euro pro Option. An der EUREX kostet die Option aber deutlich mehr als den inneren Wert von einem Euro, nämlich 3,33 Euro. Die Differenz zwischen dem inneren Wert einer Option und ihrem Preis nennt man Zeitwert. In unserem Fall beträgt der Zeitwert demzufolge 2,33 Euro. Dieser Zeitwert ist sozusagen die Prämie für die Möglichkeit weiterer Kurssteigerungen der Bayer-Aktie, und diese Prämie ist umso höher, je größer die künftige, also implizite Volatilität eingeschätzt wird.

Jede Option, die noch nicht verfallen ist, besitzt einen Zeitwert. Dieser kann auch sehr gering sein, wenn es unwahrscheinlich ist, das der Inhaber der Option von weiter steigenden (bei Calls) oder fallenden Kursen (bei Puts) profitiert. Schauen Sie sich eine andere Option auf die Bayer-Aktie an, die sich nur durch ihren Ausübungspreis von der gerade betrachteten Option unterscheidet:

Call-Option auf eine Aktie der Bayer AG	
Basispreis (Strike):	44,00 Euro
Fälligkeit (Maturity):	16. März 2007
Preis der Option:	0,47 Euro
Kurs der Bayer-Aktie:	35,00 Euro

Im Gegensatz zur Option mit einem Ausübungspreis von 34,00 Euro hat diese Option keinen inneren Wert, da der Bayer-Kurs noch weit unterhalb des Ausübungspreises liegt und es zurzeit keinen Sinn machen würde, die Option auszuüben. Die Optionsprämie besteht in diesem Fall also ausschließlich aus dem Zeitwert von 0,47 Euro. Die Wahrscheinlichkeit, dass der Kurs der Bayer-Aktie aber so stark schwankt, dass er im März 2007 oberhalb von 44,00 Euro steht, wird von den Marktteilnehmern recht gering eingeschätzt, weswegen der Zeitwert dieser Option deutlich geringer ist als der des Calls mit einem Ausübungspreis von 34,00 Euro.

Zusammenfassend lässt sich also sagen, dass jede Option während ihrer Restlaufzeit einen Zeitwert, aber nicht zwangsläufig auch einen inneren Wert hat. Während der innere Wert durch das Verhältnis von aktuellem Kurs des Basiswertes und Ausübungspreis bestimmt wird, richtet sich der Zeitwert einer Option maßgeblich nach der impliziten Volatilität des Basiswertes sowie der Restlaufzeit.

Ausüben oder nicht?

Zum besseren Verständnis wurde bisher oft davon gesprochen, dass eine Option dann im Geld ist, wenn es Sinn macht, sie auszuüben. Stimmt diese Aussage denn in der Realität, und macht es wirklich Sinn, eine Option, die sich im Geld befindet, stets auszuüben?

Zuerst einmal muss die Frage geklärt werden, ob der Inhaber einer Option überhaupt dazu berechtigt ist, diese auszuüben. Das hängt davon ab, ob es sich um eine so genannte amerikanische oder um eine europäische Option handelt. Amerikanische Optionen können zu jedem Zeitpunkt ihrer Laufzeit, also auch weit vor ihrer Fälligkeit, ausgeübt werden. Europäische Optionen bieten diese Möglichkeit nicht; hier kann der Inhaber das mit der Option verbundene Recht nur zum Zeitpunkt der Fälligkeit für sich in Anspruch nehmen. Die an der EUREX gehandelten Aktienoptionen sind grundsätzlich amerikanische Optionen, die auch während der Laufzeit ausgeübt werden können. Optionen auf den DAX- oder EuroSTOXX-Index hingegen sind europäischen Typs. Einsteiger in den Bereich der Optionen gehen oft davon aus, dass der Nachteil europäischer Optionen in Bezug auf die Ausübungsmöglichkeit dazu führt, dass diese Optionen auch billiger sind als vergleichbare Calls oder Puts amerikanischen Typs. Dieser Preisabschlag wäre nur dann berechtigt, wenn der Besitzer einer amerikanischen Option einen finanziell messbaren Vorteil gegenüber dem Besitzer einer europäischen Option hätte. Schauen Sie sich anhand des folgenden Beispiels einmal an, ob es diesen messbaren Vorteil gibt:

Call-Option auf eine Aktie der RWE AG	
Basispreis (Strike):	60,00 Euro
Fälligkeit (Maturity):	16. März 2007
Preis der Option:	12,47 Euro
Kurs der RWE-Aktie:	68,81 Euro

Die Option wurde von Ihnen bereits vor einiger Zeit gekauft, da Sie zwar vom Kurspotenzial der RWE-Aktie überzeugt waren, zu diesem Zeitpunkt jedoch noch nicht über die dafür notwendigen Finanzmittel verfügten. Dies hat sich nun geändert, da Sie gerne zur Hauptversammlung der RWE AG eingeladen werden würden. Sie spielen mit dem Gedanken, ihre Kaufoption auszuüben, um so in den Besitz der Aktie und damit auch zu einer Einladung zur Hauptversammlung zu gelangen. Ihr Depot sieht wie folgt aus:

1 Call-Option auf RWE	12,47 Euro
Barmittel	100,00 Euro
Gesamtvermögen	112,47 Euro

Als Besitzer der Call-Option haben Sie nun zwei verschiedene Möglichkeiten:

1. Sie üben die Kaufoption aus. Die Option im Wert von 12,47 Euro verschwindet damit aus Ihrem Depot, und zu einem Kaufpreis von 60,00 Euro bekommen Sie eine RWE-Aktie in Ihr Depot gebucht.

2. Sie verkaufen Ihre Kaufoption für 12,47 Euro an der EUREX und kaufen gleichzeitig eine Aktie der RWE AG zum normalen Börsenpreis von 68,81 Euro.

Mit welcher Alternative fahren Sie nun besser? Die Berechnung ist sehr einfach:

Nach der Ausübung der Call-Option hat sich Ihr Depotwert wie folgt verändert:

1 Aktie der RWE AG (Kaufpreis 60,00 Euro über die Option)	68,81 Euro
Barmittel (100 Euro – Kaufpreis von 60 Euro)	40,00 Euro
Gesamtvermögen	108,81 Euro

Es fällt sofort auf, das sich Ihr Depotwert durch die Ausübung der Option um 3,66 Euro verringert hat. Der Grund dafür ist die Tatsache, dass Sie bei der Ausübung der Option ausschließlich den inneren Wert realisiert haben, der Zeitwert dieser Option jedoch verloren ging. Durch die Ausübung haben Sie die Option mit einem Marktwert von 12,47 Euro verloren und die RWE-Aktie um 8,81 Euro billiger gekauft, als sie derzeit wert ist. Die Differenz von 3,66 Euro ist der Zeitwert der Option, den Sie durch die Ausübung nicht realisieren konnten.

Schauen Sie sich nun an, wie sich Ihr Depotwert verhalten hätte, wenn Sie die Option verkauft und nicht ausgeübt und dann die Aktie zum normalen Börsenpreis erworben hätten:

Erlös aus dem Verkauf der Call-Option	12,47 Euro
1 Aktie der RWE AG (Kaufpreis 68,81 an der Börse)	68,81 Euro
Barmittel (100 Euro – Kaufpreis von 68,81 Euro)	31,19 Euro
Gesamtvermögen	112,47 Euro

In diesem Fall bleibt der Depotwert vollständig erhalten, da Sie durch den Verkauf der Option an der EUREX auch ihren Zeitwert realisieren konnten.

Exakt das gleiche Prinzip gilt auch für Put-Optionen, sodass Sie festhalten können, dass es in der Regel keinen Sinn macht, eine Option vor ihrer Fälligkeit auszuüben, sondern es profitabler ist, sie zu verkaufen, um auch den Zeitwert der Option zu erhalten. Lediglich bei Optionen, die tief im Geld liegen und daher kaum noch Zeitwert aufweisen, kann es unter bestimmten Umständen sinnvoll sein, sie auszuüben.

An dieser Stelle ist also festzuhalten, dass amerikanische Optionen in der Regel keinerlei Vorteil gegenüber europäischen Optionen genießen und sie somit auch nicht teurer sind als identische Optionen europäischen Typs.

Die Griechen

Bei der Fälligkeit einer Option ist ihr Wert ausschließlich davon abhängig, wo sich der Kurs des Underlyings im Verhältnis zum Ausübungspreis der Option befindet, und dieser Wert kann mit Hilfe einer einfachen Addition oder Subtraktion errechnet werden. Während der Laufzeit einer Option sind Veränderungen von Optionspreisen jedoch deutlich komplexer. Ein Anleger, der sich an der EUREX engagiert, muss daher wissen und einschätzen können, wie sich der Wert einer Optionsposition während der Laufzeit unter verschiedenen Bedingungen verändert und welche Faktoren sich auf den Preis einer Option auswirken. Zu diesem Zweck lassen sich so genannte Sensitivitätskennzahlen bestimmen, die dem Anleger genau diese Informationen liefern und die mit griechischen Buchstaben bezeichnet werden. Aus diesem Grund werden sie oft unter dem Begriff »Die Griechen« zusammengefasst. Schauen Sie sich diese Griechen einmal genauer an.

Delta

Das Delta einer Option beschreibt ihre absolute Wertveränderung, wenn sich der Wert des Basiswertes um eine Geldeinheit erhöht. Genau wie bei den übrigen Kennzahlen wird diese Betrachtung wieder ceteris paribus (c. p.) vorgenommen, alle anderen Einflussfaktoren auf den Preis der Option bleiben also gleich. Calls steigen im Wert, wenn der Basiswert steigt, und aus diesem Grund ist das Delta einer Call-Option immer positiv. Bei Puts, deren Wert fällt, wenn der Basiswert steigt, ist das Delta demzufolge immer negativ. Ein Call mit einem Delta von 0,5 gewinnt also 0,50 Euro, wenn der Wert des Underlyings um 1,00 Euro ansteigt. Bei einem Put würde ein Delta von –0,5 bedeutet, dass diese Option 0,50 Euro an Wert verliert, wenn der dazugehörige Basiswert um einen Euro ansteigt. Wenn alle anderen Einflussfaktoren gleich bleiben, kann sich der Preis einer Option niemals stärker verändern als der Wert des Basiswertes selber. Aus diesem Grund liegt das Delta einer Call-Option immer zwischen 0 und 1 und das Delta einer Put-Option zwischen 0 und –1. Je tiefer eine Option im Geld ist, desto näher liegt ihr Delta bei 1 (bei Calls) beziehungsweise –1 (bei Puts). Je weiter sie aus dem Geld liegt, desto näher liegt das Delta bei 0. Haben Sie beispielsweise eine Kaufoption mit einem Strike von 100,00 Euro, während der Basiswert bei einem Kurs von 10,00

Euro liegt, so hat einer Erhöhung des Underlying-Kurses von 10,00 auf 11,00 Euro so gut wie keinen Einfluss auf den Preis der Option, da diese nach wie vor noch sehr weit aus dem Geld und das Delta dieser Option nahe bei 0 liegt. Im umgekehrten Fall, bei einem Strike von 10,00 Euro und einem Kurs des Basiswertes von 100,00 Euro, verfügt die Option über sehr viel inneren Wert (90,00 Euro) und nur noch sehr wenig Zeitwert. In diesem Fall bewegt sich die Option parallel zum Underlying, und das Delta liegt bei 1.

Aus der Sicht des Verkäufers einer Option hat das Delta das jeweils andere Vorzeichen. Der Verkäufer eines Calls verliert Geld, wenn das entsprechende Underlying an Wert gewinnt und die verkaufte Option im Wert

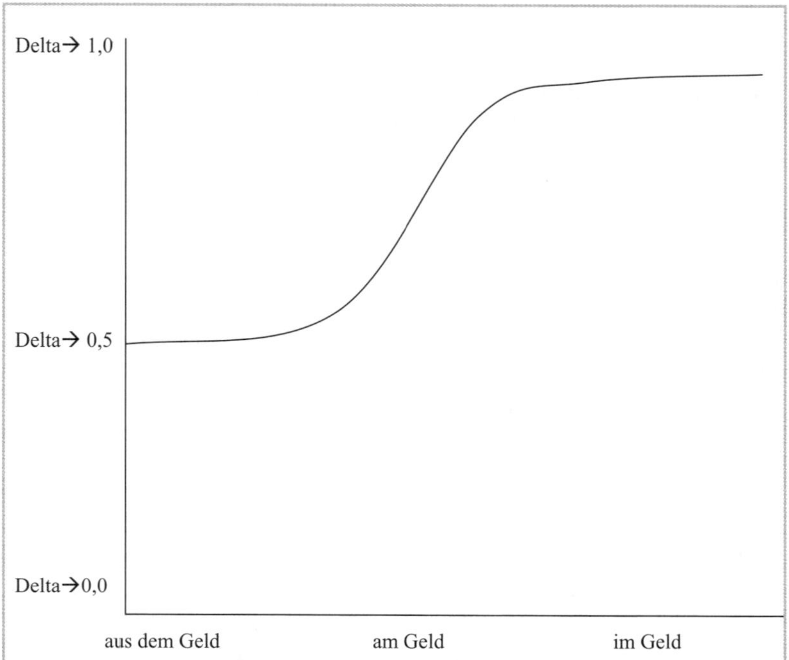

Abbildung 11: Delta einer Long-Call-Position in the money, at the money und out of the money

ansteigt. Aus diesem Grund hat ein Short-Call ein Delta zwischen 0 und –1 und ein Short-Put ein Delta zwischen 0 und 1. Diese Umkehr der Vorzeichen beim Wechsel von einer Long- zu einer Short-Optionsposition gilt im Übrigen auch für die anderen Kennzahlen.

Die folgende Abbildung beschreibt das Delta einer gekauften Call-Option:

Gamma

Das Gamma wird oft auch als Delta des Deltas bezeichnet; es beschreibt die Veränderung des Deltas einer Option, wenn der Wert des Underlyings um eine Geldeinheit steigt. Bei steigendem Underlying-Kurs steigt das Delta einer Call-Option, bis es schließlich bei 1 steht, während sich in der gleichen Situation das Delta einer Put-Option vom negativen Bereich immer weiter dem Wert 0 nähert, also ebenfalls steigt. Sowohl ein Long-Call als auch ein Long-Put weisen also ein positives Gamma auf, während ein verkaufter Call oder Put immer ein negatives Gamma besitzt. Ein hohes, positives, oder sehr niedriges, negatives Gamma deutet auf eine sehr riskante Position hin, da es beschreibt, wie lange es dauert, bis eine Option voll an Bewegungen des Basiswertes partizipiert. Bei einem hohen positiven Gamma-Wert muss sich der Basiswert nur noch wenig in die gewünschte Richtung bewegen, bevor der Besitzer der Option voll an diesen Kursbewegungen partizipiert. Auf der anderen Seite hofft der Verkäufer der entsprechenden Option auf eine Bewegung in die entgegengesetzte Richtung, damit die Option wertlos verfällt und er die volle Optionsprämie als Gewinn verbuchen kann. Das Gamma einer Long-Put- oder Long-Call-Position ist dann am höchsten, wenn der Kurs des Basiswertes genau auf der Höhe des Ausübungspreises liegt und die Restlaufzeit der Option nur noch sehr kurz ist. Dann geht es sozusagen um alles oder nichts, und das mit der Option verbundene Risiko ist am größten.

Mathematisch ausgedrückt beschreibt das Gamma die Steilheit der Delta-Funktion. Dieser Zusammenhang wird deutlich, wenn man sich die folgende Abbildung anschaut. Dort, wo die Funktion des Deltas am steilsten ist, nämlich am Geld, ist auch das Gamma der Option am größten:

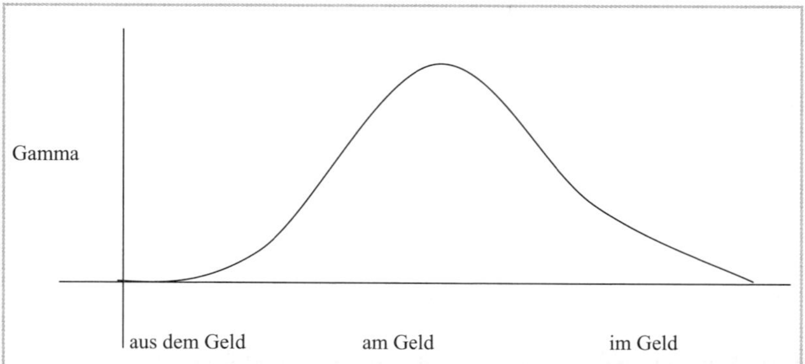

Abbildung 12: Gamma einer Long-Call/Put-Position in the money, at the money und out of the money

Theta

Das Theta einer Option beschreibt ihren Zeitwertverlust. Sie wissen ja bereits, dass der Wert jeder Option zumindest zum Teil aus dem Zeitwert besteht. Dieser Zeitwert wird mit abnehmender Restlaufzeit der Option immer geringer. Selbst wenn sich alle anderen Parameter zur Optionspreisberechnung nicht verändern, verliert eine Option jeden Tag einen Teil ihres Wertes, weil der Zeitwert sinkt. Dieser Preisrückgang von einem Tag zum nächsten wird durch das Theta ausgedrückt. Ein Theta von –0,10 bedeutet, dass die Option, selbst wenn alle anderen Parameter gleich bleiben, morgen 0,10 Euro weniger wert sein wird als heute. Sie haben ja bereits gesehen, dass der Zeitwert einer Option am größten ist, wenn der Kurs des Basiswertes in der Nähe des Ausübungspreises liegt. Aus diesem Grund ist in dieser Situation das Theta einer Option am größten. Long-Optionen haben immer ein negatives, Short-Optionen ein positives Theta. Für den Verkäufer einer Option ist eine abnehmende Restlaufzeit immer von Vorteil, da so die von ihm verkaufte Option an Wert verliert. Oft spricht man auch davon, das das negative Theta eines Optionskäufers den Preis dafür darstellt, überproportional an Kursbewegungen partizipieren zu können, während das positive Theta einer Short-Option den Verkäufer für das von ihm eingegangene Risiko entschädigen soll.

Vega

Bevor Sie das Vega kennen lernen, möchten wir an dieser Stelle alle Leser beruhigen, die des griechischen Alphabetes mächtig sind und jetzt wahrscheinlich einwenden, dass Vega überhaupt kein griechischer Buchstabe ist. Das ist völlig richtig, allerdings hat sich die Bezeichnung Vega in den zurückliegenden 20 Jahren durchgesetzt, und deshalb zählt dieser Begriff trotzdem zu den »Griechen«. Puristen können auch anstatt Vega die Begriffe »Kappa« oder »Thau« verwenden, die das Gleiche beschreiben und auch vereinzelt in der Fachliteratur zu finden sind.

Das Vega einer Option ist sicherlich eine der wichtigsten Kennzahlen. Es beschreibt, wie sich der Wert einer Optionsposition verändert, wenn die implizite Volatilität, um einen Prozentpunkt ansteigt. Wie Sie bereits wissen, misst die implizite Volatilität die vom Markt für die Laufzeit der Option erwartete Schwankung des Basiswertes. Je höher diese Schwankungsbreite ist, desto teurer wird die entsprechende Option. In diesem Fall spielt es keine Rolle, ob es um eine Kauf- oder um eine Verkaufsoption geht. Aus diesem Grund haben sowohl Long-Calls als auch Long-Puts ein positives Vega, da ihr Wert steigt, wenn die implizite Volatilität um einen Prozentpunkt ansteigt. Short-Calls und Short-Puts haben demzufolge ein negatives Vega, da der Verkäufer bei steigender Volatilität seine Optionen »zu billig« verkauft hat und einen Verlust erleidet. Je höher die Restlaufzeit einer Option ist, desto größer ist auch ihr Vega, da eine erhöhte erwartete Schwankungsbreite im Laufe eines Jahres weitaus größere Folgen haben kann als innerhalb der nächsten Woche.

Rho

Auch wenn das Rho in der Regel keinen allzu großen Einfluss auf den Wert einer Optionsposition hat, soll der Vollständigkeit halber darauf eingegangen werden. Auch das Zinsniveau hat einen Einfluss auf die Preise von Calls und Puts. Calls werden dadurch teurer und Puts billiger. Das Rho beschreibt nun die Wertveränderung einer Option, wenn sich der zugrunde liegende Zinssatz um einen Prozentpunkt erhöht. Je höher dieser Zinssatz, desto größer der Vorteil eines Call-Besitzers, der im Vergleich zum Besitzer des Basiswertes weniger Kapital einsetzen muss. Je größer dieser Vorteil, desto höher der Aufschlag auf den Preis des Calls. Long-Call-Optionen haben demzufolge ein positives Rho, da ihr Preis steigt, wenn sich der zugrunde liegende Zinssatz erhöht. Bei Long-Puts ist es genau umgekehrt: Sie werden bei steigendem Zinssatz billiger, da der Put-Käufer im Gegensatz zu einem Anleger, der den Basiswert direkt verkauft, einen Nachteil hat, den er sich durch einen Abschlag auf den Optionspreis ausgleichen lässt. Je länger die Restlaufzeit einer Option und je tiefer diese Option im Geld liegt, desto größer (bei Calls) beziehungsweise desto niedriger (bei Puts) ist auch das Rho. Da sich zumindest im europäischen Wirtschaftsraum die Zinsen eher langsam und auch nicht sprunghaft verändern, ist das Rho in der Regel eine Kennziffer, die nicht dauernd im Auge behalten werden muss.

Übersicht

In der nachfolgenden Tabelle sind die fünf Griechen und ihre Auswirkungen auf den Wert einer Optionsposition noch einmal zusammengefasst. Ein + bedeutet, dass der Wert der Position steigt, ein – zeigt an, dass er fällt.

	beschreibt …	Long-Call	Short-Call	Long-Put	Short-Put
Delta	die Veränderung der Profitabilität einer Optionsposition, wenn sich der Wert des Basiswertes um eine Geldeinheit erhöht	+	–	–	+
Gamma	die Veränderung des Deltas einer Optionsposition, wenn sich der Wert des Basiswertes um eine Geldeinheit erhöht	+	–	+	–
Theta	die Veränderung des Werts einer Optionsposition, wenn sich die Restlaufzeit der Option um einen Tag verkürzt	–	+	–	+
Vega (Kappa, Thau)	die Veränderung des Werts einer Optionsposition, wenn sich die implizite Volatilität der Option um einen Prozentpunkt erhöht	+	–	+	–
Rho	die Veränderung des Werts einer Optionsposition, wenn sich der zugrunde liegende Zinssatz um einen Prozentpunkt erhöht	+	–	–	+

Kombinierte Optionsstrategien

Sie kennen nun die vier Grundpositionen des Optionshandels Long-Call, Long-Put, Short-Call und Short-Put und wissen, wie der Preis einer Option von verschiedenen Parametern beeinflusst wird. Im Vergleich zu einem reinen Aktieninvestor eröffnet Ihnen dieses Wissen zahlreiche Möglichkeiten, Ihr Depot viel exakter und profitabler zu managen und auch von Marktgegebenheiten zu profitieren, in denen ein Aktieninvestor nur hilflos zusehen kann. Schauen Sie sich einige dieser Möglichkeiten im folgenden Abschnitt des Buches einmal genauer an.

Sicher ist sicher – Der Protective Put

Optionen wurden ursprünglich nicht dazu erfunden, um mit großem Risiko zu spekulieren, sondern vielmehr, um vorhandene Risiken zu verringern oder auf andere Marktteilnehmer zu übertragen. Genau dies kann auch ein Privatanleger tun, der ein bereits vorhandenes Aktienpaket mit einem so genannten Protective Put absichert.

Angenommen, Sie sind Besitzer von 200 SAP-Aktien, die Sie vor einem halben Jahr zu 140 Euro gekauft haben. Mittlerweile haben die Aktien das von Ihnen prognostizierte Kurslevel von 170 Euro überschritten, und Sie spielen mit dem Gedanken, die Aktien zu verkaufen. Hierbei treten jedoch zwei Probleme auf: Zum einen ist der Spekulationsgewinn durch die kurze Haltedauer der Aktien zu versteuern, und zum anderen ist es ja durchaus möglich, dass sich der Kurs der SAP AG auch in Zukunft positiv entwickelt. Eine alte Börsenweisheit lautet: Die schlimmsten Verluste sind die entgangenen Gewinne. Optionen bieten eine Möglichkeit, dieses Problem elegant zu lösen. Durch den Kauf von Put-Optionen kann man sich gegen fallende Kurse absichern, ohne sich die Chancen eines weiteren Kursanstieges entgehen zu lassen. Zu diesem Zweck kaufen Sie nun 200 Put-Optionen folgenden Typs:

Put-Option auf eine Aktie der SAP AG	
Basispreis (Strike):	170,00 Euro
Fälligkeit (Maturity):	15. Juni 2007
Preis der Option:	13,29 Euro
Kurs der SAP-Aktie:	173,20 Euro

Der Besitz dieser Put-Optionen gewährt Ihnen nun das Recht, Ihre SAP-Aktien bis Mitte Juni 2007 für 170 Euro verkaufen zu können, unabhängig von dem zu diesem Zeitpunkt gültigen Aktienkurs. Mit dieser Transaktion haben Sie also bereits jetzt den Mindesterlös aus dem Verkauf der Aktien festgeschrieben. Sollte die Aktie jedoch weiter steigen, so lassen Sie unsere Optionen verfallen und verkaufen die Aktien regulär an der Börse. Der Preis für diese Versicherung ist der Zeitwert der gekauften Optionen. Das einzige Kursrisiko, das bleibt, ist die Differenz zwischen dem aktuellen Kurs der Aktie von 173,20 Euro und dem Ausübungspreis der Put-Option in Höhe von 170 Euro. Dies wird auch in folgender Abbildung deutlich, die das Gewinn-Verlust-Profil dieser Position darstellt:

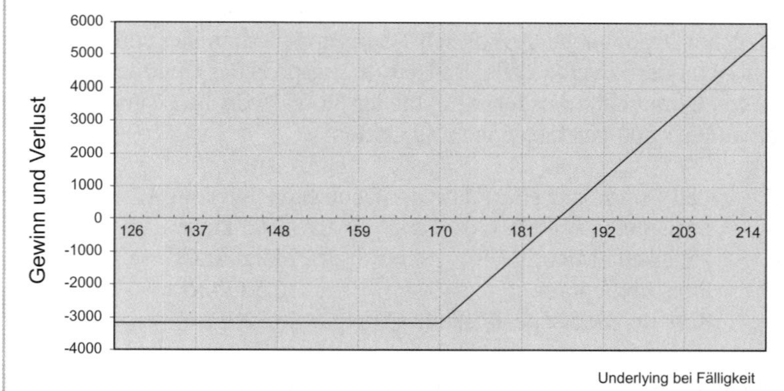

Abbildung 13: Gewinn-und-Verlust-Diagramm bei Verfall

Bei einer fallenden Aktie ist Ihr Verlust auf die Optionsprämie von 200 x 13,29 Euro = 2.658 Euro sowie die Differenz zwischen 173,20 Euro und 170 Euro x 200 = 640 Euro, also insgesamt 3298 Euro zusammen, beschränkt. Ab einem Aktienkurs von 186,49 Euro haben Sie die gezahlte Optionsprämie wieder verdient und partizipieren weiterhin und unbegrenzt an Kurssteigerungen der Aktie. Exakt die gleiche Position hätten Sie übrigens mit dem Kauf von 200 Call-Optionen mit einem Strike von 170 Euro erreichen können.

Ertrag auch in mageren Börsenzeiten – Covered Call Writing

Covered Call Writing ist eine der ältesten und populärsten Optionsstrategien und wird vor allem von Investmentfonds genutzt. Ziel dieser Strategie ist es, auch in seitwärts tendierenden und leicht fallenden Märkten Renditen zu erwirtschaften. Angenommen, Sie sind im Besitz von 1.000 Aktien der Deutschen Telekom AG, die zurzeit mit 14,32 Euro gehandelt werden. Aufgrund eines allgemein verhaltenen Aktienmarkts gehen Sie nicht von deutlich steigenden Kursen, sondern von einer moderaten Seitwärtsbewegung der Aktie in den nächsten Monaten aus. Durch den Verkauf von Call-Optionen auf die Deutsche Telekom lässt sich jedoch trotzdem eine attraktive Rendite erwirtschaften. Sollten diese von Ihnen verkauften Optionen am Ende der Laufzeit ausgeübt werden, so liefern Sie die Aktien, die Sie bereits im Depot haben. Aus diesem Grund spricht man hier von gedeckten Optionen oder Covered Calls. Den Ausübungspreis der Optionen legen Sie ein wenig oberhalb des derzeit aktuellen Kurses von 14,32 Euro fest und verkaufen 1.000 der folgenden Call-Option:

Call-Option auf eine Aktie der Deutschen Telekom AG

Basispreis (Strike):	15,00 Euro
Fälligkeit (Maturity):	16. März 2007
Preis der Option:	0,60 Euro
Kurs der Deutsche-Telekom-Aktie:	14,32 Euro

Bei Fälligkeit der Option ergeben sich nun zwei Möglichkeiten: Sollte die Aktie unterhalb von 15,00 Euro stehen, wird die von Ihnen verkaufte Option nicht ausgeübt, und die Prämie in Höhe von 1.000 x 0,60 Euro = 600 Euro fließt Ihnen als zusätzlicher Ertrag zu. Steht die Aktie bei Fälligkeit der Option oberhalb von 15 Euro, so wird der Käufer die Option ausüben, und Sie verkaufen ihm die Aktien aus unserem Depot zu einem Preis von 15,00 Euro. Der in diesem Fall von Ihnen erzielte Gewinn setzt sich aus der vereinnahmten Optionsprämie von 600 Euro und dem Kursgewinn von (15,00 Euro – 14,32 Euro) x 1.000 = 680 Euro, also insgesamt 1280 Euro. Das folgende Diagramm verdeutlicht die Gewinn- und Verlustmöglichkeiten dieser Position und vergleicht sie auch mit einem reinen Aktieninvestment:

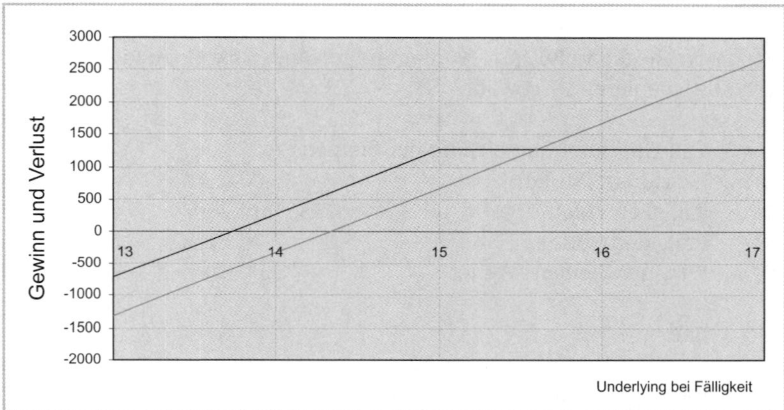

Abbildung 14: Gewinn-und-Verlust-Diagramm bei Verfall

Es wird deutlich, dass diese Covered-Call-Writing-Strategie immer dann ein besseres Ergebnis als eine reine Aktienanlage liefert, wenn der Basiswert nicht zu stark steigt. Aber auch dann macht der Investor keinen Verlust, sondern begrenzt lediglich seinen Gewinn. Bei fallenden Kursen steht der Anleger in jedem Fall besser da als ein reiner Aktieninvestor, da die vereinnahmte Prämie der Call-Optionen einen zusätzlichen Ertrag liefert. Diese Anlagestrategie ist im Übrigen auch die Grundlage der sehr beliebten Discount-Zertifikate und immer dann besonders rentabel, wenn die impliziten Volatilitäten relativ hoch sind und Sie somit für die verkauften Call-Optionen eine hohe Optionsprämie bekommen.

Der subventionierte Call – Long Call Spread

Unter einem Call Spread versteht man den Kauf einer Calls bei gleichzeitigem Verkauf eines Calls mit höherem Basispreis. Sinn dieser Transaktion ist es, sich den Kaufpreis einer Call-Option durch den gleichzeitigen Verkauf einer Call-Option mit höherem Strike subventionieren zu lassen und/oder gezielt auf eine Kursprognose zu setzen. Durch den Verkauf des Calls wird gleichzeitig der maximale Gewinn begrenzt, sodass sich diese Position für ein Umfeld moderat steigender Kurse besonders gut eignet.

Für das vorliegende Beispiel werden die folgenden zwei Optionen auf die Aktie der Siemens AG gewählt.

Call-Option auf eine Aktie der Siemens AG	
Basispreis (Strike):	76,00 Euro
Fälligkeit (Maturity):	15. Juni 2007
Preis der Option:	7,09 Euro
Kurs der Siemens-Aktie:	75,00 Euro

und

Call-Option auf eine Aktie der Siemens AG	
Basispreis (Strike):	80,00 Euro
Fälligkeit (Maturity):	15. Juni 2007
Preis der Option:	5,32 Euro
Kurs der Siemens-Aktie:	75,00 Euro

Die beiden Optionen unterscheiden sich ausschließlich durch ihren Strike und den Optionspreis. Um Ihren Call Spread aufzubauen, kaufen Sie 500 Optionen mit Strike 76,00 Euro und verkaufen gleichzeitig 500 Optionen mit einem Basispreis von 80,00 Euro. Während Sie für die gekauften Calls 500 x 7,09 Euro = 3.545 Euro bezahlen, erhalten Sie für den Verkauf der Calls mit einem höheren Strike eine Prämie von 500 x 5,32 Euro = 2.660 Euro. Ihr Nettoinvestment beträgt in diesem Fall also 3.545 Euro – 2.660 Euro = 885 Euro. Bei einem Aktienkursanstieg verdienen Sie aber zunächst genauso stark wie jemand, der nur die für 3.545 Euro gekauften Calls im Depot hat. Erst wenn der Kurs der Siemens-Aktie die 80,00-Euro-Marke überschreitet, gleichen sich der Gewinn aus den Long-Calls und der Verlust aus den Short-Calls aus, und Ihr Gewinn steigt nicht weiter an. Dies wird auch in der Payoff-Abbildung dieser Position deutlich.

Sowohl der maximale Gewinn als auch der maximale Verlust sind bei dieser Position begrenzt. Der maximale Verlust tritt dann ein, wenn die Aktie bei Fälligkeit unterhalb von 76,00 Euro steht und sowohl gekaufter als auch verkaufter Call wertlos verfallen. In diesem Fall verlieren Sie die investierte Nettoprämie von 885 Euro. Steht der Kurs der Siemens-Aktie am Fälligkeitstag oberhalb von 80 Euro, so realisieren Sie den maximal möglichen

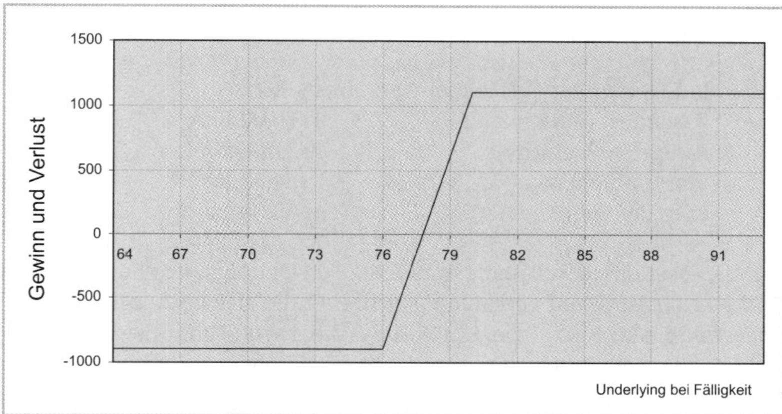

Abbildung 15: Gewinn-und-Verlust-Diagramm bei Verfall

Gewinn, der aus der Differenz der beiden Strikes abzüglich der investierten Nettoprämie besteht: 500 x (80 Euro – 76 Euro – 1,77 Euro) = 1.115 Euro.

Profite auch in fallenden Märkten – Long Put Spread

Das gleiche Prinzip lässt sich bei einer moderat negativen Markterwartung auch mit Put-Optionen realisieren. Auch hier kauft der Anleger eine Put-Option und verkauft gleichzeitig eine zweite Option. Im Gegensatz zu einem Call Spread hat diese Option jedoch keinen höheren, sondern einen niedrigeren Ausübungspreis. Auch in diesem Fall ist der maximale Verlust auf die gezahlte Nettoprämie begrenzt. Der Maximalgewinn errechnet sich genau wie bei einem Call Spread aus der Differenz der beiden Strikes, abzüglich der gezahlten Nettooptionsprämie. Ein Put Spread auf die Siemens AG könnte beispielsweise aus den folgenden zwei Optionen bestehen:

Put-Option auf eine Aktie der Siemens AG	
Basispreis (Strike):	74,00 Euro
Fälligkeit (Maturity):	15. Juni 2007
Preis der Option:	5,96 Euro
Kurs der Siemens-Aktie:	75,00 Euro

und

Put-Option auf eine Aktie der Siemens AG	
Basispreis (Strike):	70,00 Euro
Fälligkeit (Maturity):	15. Juni 2007
Preis der Option:	4,32 Euro
Kurs der Siemens-Aktie:	75,00 Euro

Um die Position aufzubauen, kaufen Sie 500 Optionen des Puts mit dem Strike 74,00 Euro und verkaufen gleichzeitig die gleiche Anzahl an Optionen mit einem Strike von 70,00 Euro. Das Payoff-Profil dieser Position sieht aus wie die gespiegelte Version des Call Spreads:

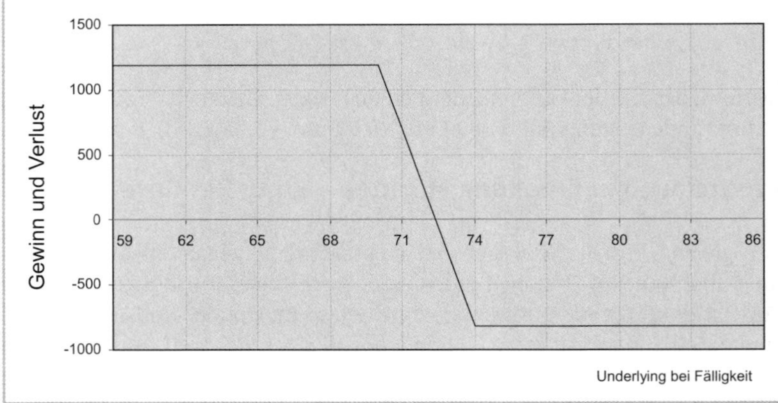

Abbildung 16: Gewinn-und-Verlust-Diagramm bei Verfall

Steht bei Fälligkeit der Optionen die Aktie oberhalb von 74,00 Euro, so verfallen beide Optionen wertlos, und Sie verlieren die gezahlte Nettoprämie in Höhe von 500 x (5,96 Euro – 4,32 Euro) = 820 Euro. Steht die Aktie tiefer als 70 Euro, erzielen Sie den maximal möglichen Gewinn von 500 x (74,00 Euro – 70,00 Euro – 1,64 Euro) = 1.180 Euro.

Optionen verkaufen mit Sicherheitspuffer – Short Call/Put Spreads

Sowohl Call als auch Put Spreads kann man natürlich an der EUREX nicht nur kaufen, sondern auf verkaufen. Die Intention hinter einem Short Call Spread beispielsweise ist genau gegensätzlich zu der eines Long Call Spreads. Bei Short Call Spread verkaufen Sie zunächst einmal einen Call mit einem niedrigeren Strike, von dem Sie hoffen, dass er wertlos verfällt und Sie die Prämie bei Fälligkeit der Option als Gewinn verbuchen können. Für den Fall, dass die Aktie jedoch über den Strike der verkauften Call-Option steigt, kaufen Sie eine gleiche Zahl von Calls mit einem höheren Basispreis, um den möglichen Verlust zu begrenzen. Bezogen auf Ihren Long Call Spread auf Siemens würden Sie zum Aufbau eines Short Call Spreads exakt die gegensätzliche Position aufbauen und 500 Calls mit einem Strike von 76,00 Euro verkaufen und die gleiche Anzahl von Calls mit dem Strike von 80,00 kaufen. Die Payoff-Grafik sieht dann wie folgt aus:

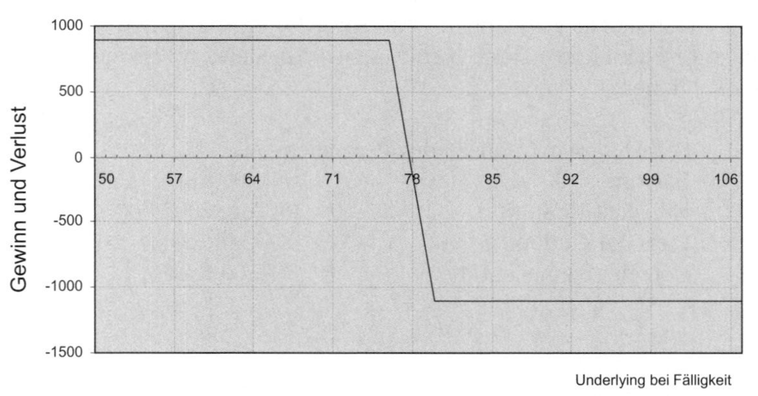

Abbildung 17: Gewinn-und-Verlust-Diagramm bei Verfall

Da Sie für die verkauften Calls eine höhere Prämie bekommen haben, als Sie für die gekauften Calls bezahlen mussten, haben Sie bei Eröffnung der Position eine Prämienauszahlung generiert. Diese Nettoprämie ist der maximale Gewinn, den Sie bekommen, wenn die Siemens-Aktie bei Fälligkeit der beiden Optionen unterhalb von 76,00 Euro steht und beide Optionen wertlos verfallen. Genau wie bei einem Short-Call beginnen Sie diese Prämie zu verlieren, sollte der Siemens-Kurs bei Fälligkeit doch oberhalb der 76,00-Euro-Marke liegen. Im Gegensatz zu einem einfachen Short-Call ist hier der Verlust jedoch nicht unbegrenzt, sondern durch die 500 gekauften Calls mit einem Strike von 80,00 Euro limitiert. Oberhalb von 80,00 Euro gewinnt die Long-Call-Position exakt genauso viel, wie die Short-Call-Position verliert.

Das Gleiche gilt für den Short Put Spread. Hier verkaufen Sie den Put mit höherem Strike und kaufen gleichzeitig einen Put mit niedrigerem Strike, um etwaige Verluste zu begrenzen.

Feintuning für das Depot – Ratio Spreads

Bisher haben Sie bei Call und Put Spreads die gleiche Anzahl von Optionen ge- und verkauft. Dieses Verhältnis kann man jedoch durchaus variieren, um eine höhere Rendite oder ein geringeres Risiko anzustreben. Führen Sie sich dies anhand des Call Spreads vor Augen, den Sie sich vorhin angeschaut haben. Hier noch einmal die beiden zur Verfügung stehenden Optionen:

Call-Option auf eine Aktie der Siemens AG	
Basispreis (Strike):	76,00 Euro
Fälligkeit (Maturity):	15. Juni 2007
Preis der Option:	7,09 Euro
Kurs der Siemens-Aktie:	75,00 Euro

und

Call-Option auf eine Aktie der Siemens AG	
Basispreis (Strike):	80,00 Euro
Fälligkeit (Maturity):	15. Juni 2007
Preis der Option:	5,32 Euro
Kurs der Siemens-Aktie:	75,00 Euro

Verkaufen Sie weniger Optionen mit höherem Strike, als Sie Calls mit einem niedrigeren Strike gekauft haben, so ist die investierte Nettoprämie zwar höher, dafür partizipieren Sie aber zumindest partiell an Kurssteigerungen oberhalb des Strikes der verkauften Call-Option. Die Payoff-Abbildung würde beim Kauf von 500 Calls mit Strike 76,00 Euro und gleichzeitigem Verkauf von nur 250 Calls mit einem Strike von 80,00 Euro wie folgt aussehen:

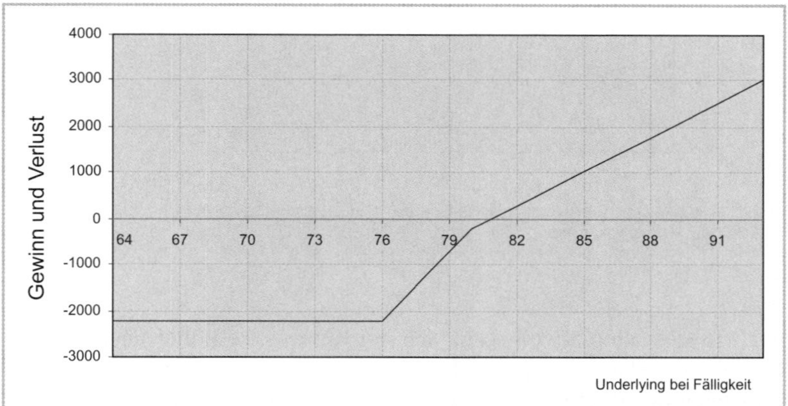

Abbildung 18: Gewinn-und-Verlust-Diagramm bei Verfall

Im Vergleich zu einem normalen Call Spread sind die investierte Prämie und somit auch der maximal Verlust größer. Bei Steigerungen oberhalb von 80,00 Euro partizipiert der Anleger aber dafür auch zur Hälfte an diesen Steigerungen, da nur halb so viele Short-Calls den Gewinn aus den Long-Calls ausgleichen.

Eine andere Möglichkeit wäre es, nur halb so viele Calls zu kaufen, wie man verkauft. Der Payoff-Chart für eine Position mit 250 Long Calls mit einem Strike von 76,00 Euro und 500 Short-Calls mit einem Strike von 80,00 Euro sähe wie in Abbildung 19 dargestellt aus.

Interessant ist hier, das selbst bei einem Nichteintreffen der erwarteten Kurssteigerung ein Gewinn erzielt wird, da Sie für die 500 verkauften Calls mehr Prämie bekommen, als für die 250 gekauften Calls gezahlt werden musste. Auch an Kursanstiegen oberhalb von 80 Euro partizipiert der Anle-

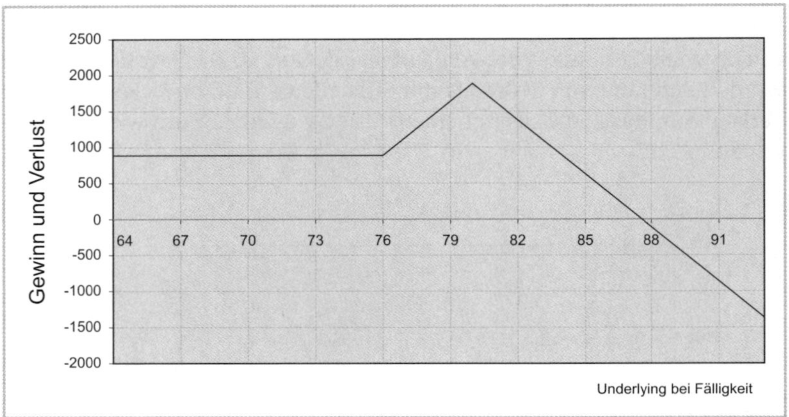

Abbildung 19: Gewinn-und-Verlust-Diagramm bei Verfall

ger zunächst einmal voll. Lediglich bei Kursen, die höher liegen als der Strike der verkauften Option, beginnt der Gewinn wieder zu sinken. Ab hier steigt der Wert der 500 verkauften Calls nämlich doppelt so stark an wie der Wert der 250 gekauften Call-Optionen. Da es bei diesen Spreads auf das Verhältnis von ge- und verkauften Optionen ankommt, nennt man sie Ratio Spreads.

Profitieren in unruhigen Börsenzeiten – der Straddle

Stellen Sie sich vor, der Vorstand der Volkswagen AG kündigt für die nächste Woche eine außerordentliche Pressekonferenz an, in der eine die weitere Geschäftspolitik des Konzerns betreffende Nachricht verkündet werden soll. Der Finanzmarkt ist in heller Aufregung, weil niemand weiß, ob sich diese Ankündigung positiv oder negativ auf den Kurs des Unternehmens auswirken wird. Dem derivateerfahrenen Anleger bietet sich hier die Möglichkeit, sowohl bei fallenden als auch bei steigenden Kursen der VW-Aktie zu verdienen. Die hierfür notwendige Optionsposition besteht aus dem gleichzeitigen Kauf von Calls und Puts mit gleichem Strike und gleicher Laufzeit. Viele Einsteiger sind an dieser Stelle verwirrt und glauben, dass es keinen Sinn machen würde, gleichzeitig Calls und Puts zu kaufen, da sich hier Gewinn und Verlust in jedem Fall ausgleichen. Dies ist jedoch nicht richtig, da Optionen ein asymmetrisches Auszahlungsprofil besitzen. Gewinne sind bei einer gekauften Option praktisch unbegrenzt, während der maximale Verlust auf die gezahlte Prämie beschränkt ist. Wie eine derartige Position aufgebaut ist, wird am Beispiel der folgenden zwei Optionen deutlich.

Call-Option auf eine Aktie der Volkswagen AG	
Basispreis (Strike):	62,00 Euro
Fälligkeit (Maturity):	15. Dezember 2006
Preis der Option:	4,70 Euro
Kurs der Volkswagen-Aktie:	61,21 Euro

und

Put-Option auf eine Aktie der Volkswagen AG	
Basispreis (Strike):	62,00 Euro
Fälligkeit (Maturity):	15. Dezember 2006
Preis der Option:	5,57 Euro
Kurs der Volkswagen-Aktie:	61,21 Euro

Beide Optionen sind in Bezug auf Laufzeit und Strike exakt gleich. Bei der Auswahl des Strikes sollte man darauf achten, dass er so nah wie möglich am aktuellen Aktienkurs des Basiswertes liegt. Von beiden Optionen kaufen Sie nun 500 Stück, mit einem Prämienvolumen von 500 x (4,70 Euro + 5,57 Euro) = 5.135 Euro. Wenn sich die Aktie bis zur Fälligkeit beider Optionen so stark bewegt, dass entweder der Call oder der Put diese Prämie wieder hereingeholt hat, befinden Sie sich in der Gewinnzone. Der Payoff-Chart dieser Position, die Straddle genannt wird, sieht in Abbildung 20 gezeigt aus.

Die Abbildung verdeutlicht, das der größte Verlust dieser Position dann eintritt, wenn der Kurs der VW-Aktie am Fälligkeitstag genau 62 Euro betragen würde. Dann wären sowohl der Call als auch der Put wertlos, und die investierte Prämie von 5.135 Euro ist verloren. Bewegt sich die Aktie bis zur Fälligkeit jedoch, so gewinnt bei steigenden Kursen entweder der Call oder bei fallenden Kursen der Put an Wert. Sobald eine der beiden Optionen so viel an Wert zugelegt hat, dass es der investierten Prämie entspricht, befinden Sie sich in der Gewinnzone. Diese Break-even-Punkte, an denen für Sie die Gewinnschwel-

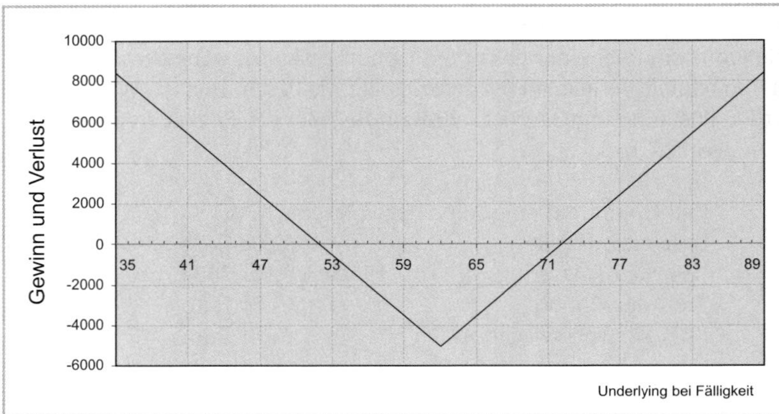

Abbildung 20: Gewinn-und-Verlust-Diagramm bei Verfall

le beginnt, kann man leicht errechnen, indem man den Preis für Call und Put addiert und dann einmal vom Strike subtrahiert, um den unteren Break-even-Punkt zu erhalten, und zum Strike addiert, um den oberen Break-even-Punkt festzustellen. Im hier vorliegenden Fall wären diese Punkte:

Unterer Break-even-Punkt → 62 Euro – (4,70 Euro + 5,57 Euro) = 51,73 Euro

Oberer Break-even-Punkt → 62 Euro + (4,70 Euro + 5,57 Euro) = 72,27 Euro

Steht bei der Fälligkeit beider Optionen der Kurs der Volkswagen-Aktie also über 72,27 oder unter 51,73 Euro, so war dieses Geschäft für Sie profitabel, und das, ohne einschätzen zu müssen, ob die VW-Aktie steigt oder fällt. Besonders profitabel ist eine solche Strategie in Zeiten niedriger Volatilitäten, da Optionen dann relativ günstig zu kaufen sind und das zu investierende Prämienvolumen geringer ausfällt.

Straddle Light – der Strangle

Wem bei einer solchen Position das zu investierende Prämienvolumen zu hoch ist, der kann einen Straddle auch mit Calls und Puts konstruieren, die etwas weiter aus dem Geld und somit billiger sind. Der Strike des Calls sollte dabei über und der Strike des Puts unter dem aktuellen Kurs des Underlyings liegen, und zwar in ähnlichem Abstand. Bezogen auf die Volkswagen-Aktie könnte man diese Position, die Strangle genannt wird, mit den folgenden zwei Optionen konstruieren:

Call-Option auf eine Aktie der Volkswagen AG	
Basispreis (Strike):	64,00 Euro
Fälligkeit (Maturity):	15. Dezember 2006
Preis der Option:	3,86 Euro
Kurs der Volkswagen-Aktie:	61,21 Euro

und

Put-Option auf eine Aktie der Volkswagen AG	
Basispreis (Strike):	60,00 Euro
Fälligkeit (Maturity):	15. Dezember 2006
Preis der Option:	4,52 Euro
Kurs der Volkswagen-Aktie:	61,21 Euro

Wie bei einem Straddle kaufen Sie zum Aufbau eines Strangles gleichzeitig die gleiche Menge von Calls und Puts. Der einzige Unterschied zum

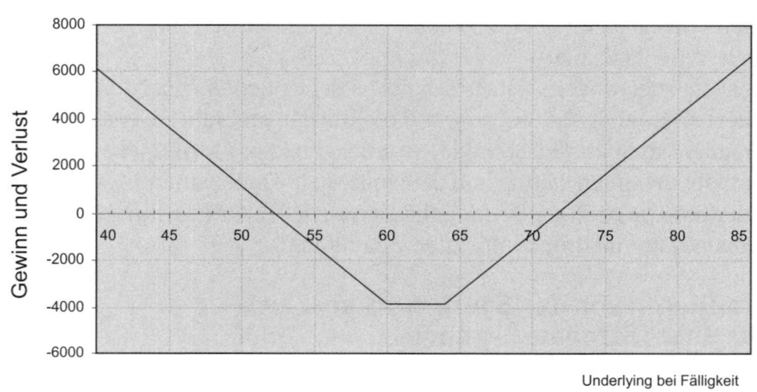

Abbildung 21: Gewinn-und-Verlust-Diagramm bei Verfall

Straddle ist die Tatsache, das bei einem Strangle Calls und Puts nicht denselben Strike haben – der des Calls liegt über und der des Puts unter dem aktuellen Kurs des Underlyings. Dadurch ist das zu investierende Prämienvolumen natürlich geringer. Gleichzeitig wandern aber auch die beiden Break-even-Punkte auseinander, und die Aktie muss sich stärker als bei einem Straddle bewegen, um einen Gewinn zu generieren. Dies wird auch im Payoff-Profil eines Strangle mit jeweils 500 Calls und 500 Puts deutlich (Abbildung 21).

Das Prämienvolumen ist hier deutlich geringer als beim Straddle, nämlich 500 x 3,86 + 4,52 = 4.190 Euro. Steht der Aktienkurs bei Fälligkeit zwischen den Strikes der beiden Optionen, also zwischen 60,00 und 64,00 Euro, so verfallen beide Optionen wertlos, und die investierte Prämie ist verloren. Steigt oder fällt die Aktie jedoch bis zur Fälligkeit des Strangles deutlich, so profitiert entweder der Call oder der Put davon, und die Position ist profitabel. Die Break-even-Punkte eines Strangles ergeben sich aus der Prämie beider Optionen, die zum Strike des Calls addiert beziehungsweise vom Strike des Puts subtrahiert wird. In unserem Fall ergibt diese Berechnung:

Unterer Break-even-Punkt → 60 Euro – (3,86 Euro + 4,52 Euro) = 51,62 Euro

Oberer Break-even-Punkt → 64 Euro + (4,70 Euro + 5,57 Euro) = 74,27 Euro

Steht die Volkswagen-Aktie bei Fälligkeit der Optionen über 74,27 Euro oder unterhalb von 51,62 Euro, so war Ihre Strategie profitabel. Genau wie beim Straddle hat auch der Strangle ein unbegrenztes Gewinnpotenzial, während der maximale Verlust auf die eingesetzte Optionsprämie begrenzt ist. Genau wie beim Straddle empfiehlt sich auch der Aufbau eines Strangles in Zeiten relativ niedriger impliziter Volatilitäten.

Profitieren von der Saure-Gurken-Zeit – der Short Straddle/Strangle

Genau wie Call und Put Spreads kann man auch Straddles und Strangles nicht nur kaufen, sondern auch verkaufen. Sinn macht ein Short Straddle beziehungsweise Short Strangle dann, wenn der Anleger davon ausgeht, dass bis zur Fälligkeit der beiden Optionen keine großen Schwankungen des Basiswertes zu erwarten sind. Dies wird auch bei der Betrachtung des Payoff-Profile eines Short Straddles deutlich. Dazu verwenden Sie die Optionen, die Sie bereits bei Ihrem Long Straddle auf Volkswagen eingesetzt haben, mit dem Unterschied, dass Sie in diesem Fall Calls und Puts nicht kaufen, sondern verkaufen:

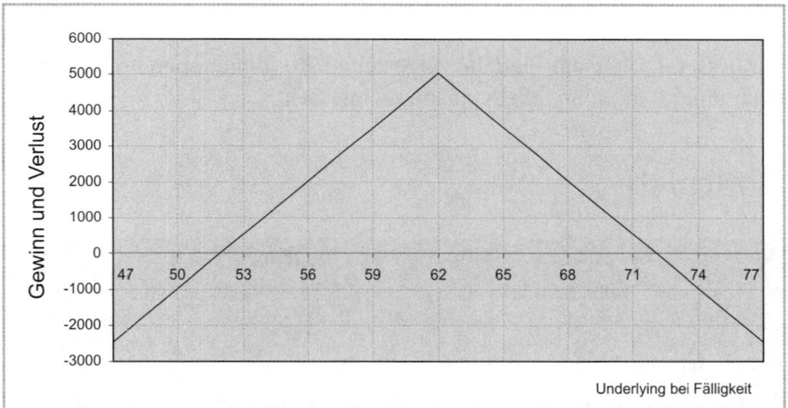

Abbildung 22: Gewinn-und-Verlust-Diagramm bei Verfall

Das Payoff-Profil dieser Position ist das um die X-Achse gespiegelte Profil der Long-Straddle-Position. Den maximal möglichen Gewinn erzielen Sie, wenn der Aktienkurs am Tag der Fälligkeit beider Optionen genau bei 62 Euro liegt. In diesem Fall wird weder der Put noch der Call ausgeübt, und die gesamte vereinnahmte Prämie kann als Gewinn verbucht werden. Ist dies nicht der Fall, wird entweder der Call oder der Put ausgeübt. Solange der durch diese Ausübung für Sie entstandene Verlust kleiner ist als die Summe der Prämien für Call und Put, befinden Sie sich immer noch in der Gewinnzone. Erst wenn die Volkswagen-Aktie bei Fälligkeit der Optionen über 72,27 Euro oder unter 51,73 Euro steht, kostet Sie die Ausübung einer der beiden Short-Optionen mehr als die vereinnahmte Prämie, und es entsteht ein Verlust. Sowohl Short Straddle als auch Short Strangle eignen sich besonders in Zeiten hoher impliziter Volatilitäten, da unter diesen Umständen die für den Verkauf der Optionen erhaltene Prämie relativ groß ist.

Neben den hier vorgestellten Optionskombinationen gibt es noch eine Vielzahl von anderen Möglichkeiten, Calls und Puts zu kombinieren. Eine Szenario-Analyse-Software, wie sie beispielsweise auf www.easyoptions.de zu finden ist, kann gerade dem Anfänger helfen, die für seine Markterwartung passende Kombination herauszufinden. So eine Software simuliert das Gewinn- und Verlustpotenzial einer Optionskombination sowohl am Ende als auch während der Laufzeit. Auch die Payoff-Charts in diesem Buch wurden mit der EasyOptions-Software erstellt.

Zur besseren Übersicht sind die vorgestellten Kombinationen im Folgenden noch einmal in einer Tabelle zusammengefasst:

Übersicht

Name	Markterwartung	Aufbau	möglicher Gewinn	möglicher Verlust
Protective Put	fallende Kurse	long Basiswert + Long-Put	unbegrenzt	beschränkt auf die gezahlte Optionsprämie
Covered Call Writing	leicht steigende, stagnierende oder leicht fallende Kurse	long Basiswert + Short-Call	begrenzt	sehr hoch bei stark fallenden Kursen des Basiswertes, aber in jedem Fall besser als ein reines Aktieninvestment
Long-Call Spread	begrenzt steigende Kurse	Long-Call + Short-Call mit höherem Strike	begrenzt auf die Differenz der Strikes – gezahlte Optionsprämie	begrenzt auf die gezahlte Optionsprämie
Short-Call Spread	begrenzt fallende Kurse	Short-Call + Long-Call mit höherem Strike	begrenzt auf die eingenommene Optionsprämie	begrenzt auf die Differenz der Strikes – eingenommene Optionsprämie

Name	Markt-erwartung	Aufbau	möglicher Gewinn	möglicher Verlust
Long-Put Spread	begrenzt fallende Kurse	Long-Put + Short-Put mit niedrigerem Strike	begrenzt auf die Differenz der Strikes – gezahlte Optionsprämie	begrenzt auf die gezahlte Optionsprämie
Short-Put Spread	begrenzt steigende Kurse	Short-Put + Long-Put mit niedrigerem Strike	begrenzt auf die eingenommene Optionsprämie	begrenzt auf die Differenz der Strikes – eingenommene Optionsprämie
Long Straddle	starke Bewegung des Basiswertes	Long-Call + Long-Put mit gleichem Strike und gleicher Laufzeit	unbegrenzt	begrenzt auf die gezahlte Optionsprämie
Short Straddle	geringe Bewegung des Basiswertes	Short-Call + Short-Put mit gleichem Strike und gleicher Laufzeit	begrenzt auf die eingenommene Optionsprämie	unbegrenzt
Long Strangle	starke Bewegung des Basiswertes	Long-Call + Long-Put mit unterschiedlichen Strikes und gleicher Laufzeit	unbegrenzt, aber c. p. geringer als bei einem Straddle	begrenzt auf die gezahlte Optionsprämie
Short Strangle	geringe Bewegung des Basiswertes	Short-Call + Short-Put mit unterschiedlichen Strikes und gleicher Laufzeit	begrenzt auf die eingenommene Optionsprämie	unbegrenzt, aber c.p. geringer als bei einem Straddle

Handel an der EUREX

Kontrakte

An der EUREX werden Optionen nicht einzeln, sondern in Form so genannter Kontrakte gehandelt. Ein Kontrakt besteht in der Regel aus 100 Optionen und ist die kleinste an der EUREX handelbare Einheit. Bei sehr teuren beziehungsweise sehr billigen Aktien kann diese Kontraktgröße jedoch auch 50 oder 1.000 Optionen betragen. Diese Kontraktgröße wird von der EUREX festgelegt. Hier muss sich der Anleger vor einer Transaktion über die jeweilige Kontraktgröße informieren. Die in verschiedenen Publikationen der EUREX veröffentlichten Optionspreise beziehen sich immer auf eine einzelne Option. Kauft man beispielsweise einen Kontrakt Siemens-Optionen zu 1,70 Euro, so ist dies der Preis für eine Option. Um den Gesamtwert der Transaktion zu erhalten, muss man diesen Preis noch mit der für Siemens gültigen Kontraktzahl multiplizieren. In diesem Fall würde das Konto des Anlegers also mit 1,70 Euro x 100 = 170 Euro belastet.

Indexoptionen

Die EUREX bietet nicht nur Optionen auf Einzelaktien, sondern auch auf Indizes, wie beispielsweise den DAX, an. Größter Unterschied zwischen einer Aktien- und einer Indexoption ist die Tatsache, dass eine Indexoption bei ihrer Fälligkeit in bar abgerechnet wird, da eine physische Lieferung des Underlyings nicht möglich ist. Ein weiterer Unterschied zwischen Index- und Aktienoptionen ist die Tatsache, dass Indexoptionen, die sich am letzten Tag ihrer Laufzeit im Geld befinden, automatisch ausgeübt werden. Ist der Investor also im Besitz einer Call-Option mit Strike 6.000 auf den DAX, und am Fälligkeitstag steht der DAX bei 6.050, so bekommt er den inneren Wert der DAX-Option von 50 Punkten, multipliziert mit der Kontraktgröße von 5, also 250 Euro, automatisch ausgezahlt, ohne der Bank oder dem Broker weitere Anweisungen geben zu müssen. Aktienoptionen jedoch, die sich bei ihrer

Fälligkeit im Geld befinden, müssen von ihrem Inhaber ausgeübt werden, sonst verfallen sie wertlos – trotz ihres inneren Wertes. Dieser Ausübungswunsch muss dem Broker beziehungsweise der Bank spätestens am Fälligkeitstag mitgeteilt werden, um eine korrekte Abwicklung zu ermöglichen.

Margin bei Optionen

Genauso wie Sie es bereits von Futures kennen, basiert auch der Handel mit Optionen auf dem Marginprinzip. Es müssen also auch hier Sicherheitsleistungen hinterlegt werden, die gewährleisten, dass der Marktteilnehmer seinen Verpflichtungen nachkommen kann. Dies gilt jedoch nicht für alle Optionspositionen. Beim Kauf eines Calls oder eines Puts zahlt der Käufer den vollen Kaufpreis für diese Optionen. Damit hat er selbst im ungünstigsten Fall keine weiteren Nachschusspflichten, denn die gezahlte Optionsprämie ist alles, was er verlieren kann. In diesem Fall ist also keine weitere Margin mehr zu leisten. Beim Verkauf von Optionen bekommt der Investor zunächst den vom Käufer für die Option bezahlten Vertrag. Entwickelt sich der Basiswert jedoch in eine für den Verkäufer ungünstige Richtung, kann es hier zur Nachschusspflicht des Verkäufers kommen. Aus diesem Grund ist beim Verkauf einer Option eine Sicherheitsmargin zu leisten, die sich nach dem Risiko der verkauften Optionen richtet. Ausgenommen von dieser Marginpflicht sind jedoch so genannte gedeckte Optionen. Dies sind Optionen, deren Erfüllung bereits durch Aktien gesichert sind, die sich im Besitz des Verkäufers befinden. Das vorhin beschriebene Covered Call Writing ist so ein Fall. Selbst wenn nach dem Verkauf der Call-Optionen der Basiswert dramatisch ansteigt, besitzt der Verkäufer der Optionen den zu liefernden Wert bereits, und es ist sichergestellt, dass er bei Fälligkeit der Optionen seinen Verpflichtungen nachkommen kann. Um in einem solchen Fall der Marginpflicht zu entgehen, müssen sich die Aktien jedoch auf einem besonderen Sperrdepot befinden und dürfen während der Laufzeit der Optionen nicht verkauft werden.

Exotische Produkte

Neben den bereits beschriebenen Optionen und Futures bietet die EUREX seit einiger Zeit auch eine Reihe von Spezialprodukten an, um den immer komplexer werdenden Anforderungen der Marktteilnehmer gerecht zu werden. Auf die Interessantesten dieser Produkte wird im Folgenden kurz eingegangen.

Low Excercise Price Options (LEPOs)

Für alle Aktien, auf die an der EUREX Optionen gehandelt werden, werden so genannte LEPOs angeboten. Der Begriff LEPO steht hier für Low-Excercise-Price-Option und beschreibt eine Call-Option mit einem sehr niedrigen Ausübungspreis. Als Ausübungspreis wird hier die kleinstmögliche Preisveränderung einer Option bezeichnet. Bei Optionen, die auf zwei Nachkommastellen gehandelt werden, wäre der Ausübungspreis also 0,01 Euro. Sinn und Zweck dieser LEPOs ist es vor allem, dem Anleger das Leerverkaufen von Aktien zu ermöglichen. Aufgrund der Tatsache, das sich diese Optionen sehr stark im Geld befinden, verhält sich ihr Kurs exakt so wie der des Basiswertes, ohne von Restlaufzeit oder Volatilität beeinflusst zu werden. Der einzige Unterschied zwischen einer Aktie und einem LEPO ist die Tatsache, dass Inhaber eines LEPOs weder ein Stimmrecht auf der Hauptversammlung noch einen Anspruch auf Dividendenzahlungen haben. Diese LEPOs kann ein Investor, wie jede andere Option auch, verkaufen und erhält somit eine Position, die fast exakt dem Leerverkauf einer Aktie entspricht.

Futures auf Einzelaktien

Ähnlich wie die gerade angesprochenen LEPOs dienen auch Futures auf Einzelaktien hauptsächlich dazu, dem Anleger den Leerverkauf von Aktien zu ermöglichen. Darüber hinaus bieten sie aber, aufgrund des Marginprinzips, auch die Möglichkeit, mit einem vergleichsweise geringen Kapital ein großes Aktienvolumen zu kontrollieren. Bei einem Einsatz aus diesem Motiv sollte sich der Anleger jedoch der enormen Hebelwirkung seines Investments bewusst sein und den Kurs des entsprechenden Aktien-Futures jederzeit überwachen. Auch die Risikokontrolle mit Stop Orders, auf die später noch eingegangen wird, ist in einem solchen Fall wärmstens zu empfehlen.

Optionen und Futures auf Exchange Traded Funds (ETFs)

Neben Aktien und Zinsinstrumenten gibt es noch eine dritte Gruppe von Basiswerten, auf die an der EUREX Futures und Optionen handelbar sind. Diese so genannten Exchange Traded Funds (ETF) sind börsengehandelte

Investmentfonds, die in der Regel einen bestimmten Index 1 : 1 abbilden. Als Basiswerte gibt es an der EUREX ETFs auf folgende Indizes: DAX, Dow Jones EuroSTOXX 50 und den Schweizer Index SMI. Sinn und Zweck dieser Derivate sind fraglich, da es bei ETFs oft zu so genannten Tracking-Fehlern kommt, sie also den Verlauf des zugrunde liegenden Index doch nicht ganz exakt abbilden. Da sie in der Regel mit einem Bezugsverhältnis gehandelt werden, ist die Kontraktgröße meist kleiner als bei einem reinen Index-Future. Diese Tatsache macht sie zwar für Privatanleger attraktiv, ändert jedoch nichts am Problem des Tracking Errors.

Volatilitäts-Futures

Wie bereits besprochen, stellt die implizite Volatilität eine der wichtigsten Einflussgrößen für die Bewertung von Optionen da. Mit Hilfe von so genannten Volatilitäts-Futures gibt die EUREX Anlegern die Möglichkeit, diese implizite Volatilität getrennt von allen anderen Einflussfaktoren des Optionstradings zu handeln. Einer dieser Vola-Futures ist der Future auf den VDAX-NEW-Index. Dieser Index setzt sich aus den impliziten Volatilitäten von DAX-Optionen über mehrere Strikes und Laufzeiten zusammen. Geht der Markt von größeren künftigen Schwankungen des DAX aus, so steigen diese impliziten Volatilitäten und damit auch der Index. Die tatsächliche Bewegung des DAX spielt in diesem Zusammenhang nur eine untergeordnete Rolle. Dieses Produkt ist prinzipiell sehr interessant, eröffnet es doch den Zugang zur Asset-Klasse Volatilität; andererseits sind Zusammensetzung und Berechnung dieses Index so komplex, dass nur sehr erfahrenen Investoren zu raten ist, sich in diesem Segment zu engagieren.

Welcher Marktzugang?

Mit dem bis jetzt erlangten Wissen wird es Zeit, das Gelernte in die Praxis umzusetzen. Die Frage ist nur: Wie? Kommt man mit dem Wunsch, an der EUREX aktiv zu werden, zum Bankberater seines Vertrauens, so wird dieser wahrscheinlich erst mal mit dem Kopf schütteln. Dies liegt oft daran, dass die EUREX aufgrund mangelnder Sachkenntnis als zu gefährlich und riskant für den Privatanleger eingestuft wird. Eine angedrohte Depotverlegung zu einem Discount-Broker wirkt hier aber oft Wunder – und plötzlich geht es doch. Egal, über welche Bank Sie ihre EUREX-Aktivitäten abwickeln, an einer Formalität kommt man nicht vorbei: In jedem Fall muss die abwickelnde Bank Sie als termingeschäftsfähig einstufen und dokumentieren, dass Sie über die Risiken von Termingeschäften aufgeklärt sind. Dies bestätigen Sie mit Ihrer Unterschrift und müssen diese Prozedur auch im Abstand von einem bis zwei Jahren regelmäßig wiederholen. Nachdem Ihnen die Termingeschäftsfähigkeit bescheinigt wurde, steht einem Engagement an der EUREX nichts mehr im Wege.

Ist es aber überhaupt sinnvoll, EUREX-Geschäfte über die Hausbank abzuwickeln? Diese Frage muss sich jeder Anleger selber beantworten, aber grundsätzlich gibt es zwei wichtige Faktoren, die bei der Wahl der Depotbank berücksichtigt werden sollten.

Orderkosten

Zum einen sind das natürlich die Orderkosten. Für sehr preissensitive Anleger führt hier an so genannten Discount-Brokern wie CortalConsors oder Fimatex kein Weg vorbei. Durch ihren Verzicht auf ein Filialnetz und die computergestützte Orderausführung haben diese Broker einen klaren Kostenvorteil gegenüber traditionellen Banken, Sparkassen oder Volksbanken. Problematisch bei einem Preisvergleich ist allerdings die oft sehr komplizierte Preisstaffelung der einzelnen Anbieter. Ähnlich wie bei Mobilfunkverträgen gibt es auch hier nie »den« billigsten Anbieter in allen Bereichen, sondern bereits vor der Auswahl eines geeigneten Brokers sollte man sich Gedanken über das voraussichtliche Depot- und Ordervolumen machen. Mit diesen Informationen kann man dann die in Frage kommenden Anbieter kontaktieren und sich vorrechnen lassen, mit welchen Orderkosten man zu rechnen hat. Bei EUREX-Orders hört man hier oft den Begriff Round Turn. Unter diesem Begriff versteht man eine Pauschalgebühr für das Eröffnen und spätere Schließen einer Position, also Kauf und Verkauf. Generell lässt sich sagen, dass man bei einem höheren Depot- und Auftragsvolumen auch bessere Chancen darauf hat, eine verbilligte Sonderkondition angeboten zu bekommen. Gerade klassische Banken und Sparkassen verlangen für die Annahme einer EUREX-Order ein bestimmtes Mindestdepotvolumen, das wahrscheinlich nicht jeder zur Verfügung hat. In so einem Fall bleibt meist nur die Wahl eines Discount-Brokers, der sich aufgrund seiner höheren Effizienz mit deutlich niedrigeren Depotvolumina zufrieden gibt. Sehr wichtig bei der Beurteilung von Transaktionskosten ist auch die Höhe der zu leistenden Margin. Die meisten Anbieter verlangen von ihren Kunden nicht nur die von der EUREX geforderte Margin, sondern erheben darüber hinaus noch einen Zuschlag, der meist zwischen 20 und 100 Prozent liegt, um sich selber abzusichern. Dieses Geld steht Ihnen zum Abschluss weiterer Geschäfte nicht zur Verfügung, sodass eine hohe Marginanforderung Ihres Brokers Ihren Anlagespielraum unter Umständen deutlich einschränkt. Auch wenn Geschäftsbanken aus Kostensicht kaum eine Chance gegen Discount-Broker haben, bieten sie doch unter Umständen einige Vorteile, die nicht zu unterschätzen sind: Ein über Jahre hinweg bekannter Bankberater ist im Umgang mit seinen Kunden oft deutlich flexibler als ein anonymer Discount-Broker, für den Sie lediglich eine Nummer sind. Wer schon einmal das Passwort für den Online-Depotzugang vergessen hat und tagelang auf die Zusendung eines neuen warten musste, ohne in der Zwischenzeit über sein Depot verfügen zu können, hätte sich wahrscheinlich einen Bankberater gewünscht, der dieses Problem schnell »auf dem kleinen Dienstweg« erledigt. Solche persönlichen Kontakte sind nicht zu unterschätzen und können das Leben oft sehr vereinfachen.

Schnelligkeit der Orderausführung

Der zweite wichtige Faktor bei der Auswahl des EUREX-Zuganges ist die Schnelligkeit der Orderausführung. Auch hier haben Online-Broker in der Regel die besseren Karten. Per Internet oder Telefon können während der gesamten Handelszeit Orders aufgegeben und ihre Ausführung live verfolgt werden. Dies gilt zumindest so lange, wie der entsprechende Internetserver nicht ausfällt oder das Call-Center überlastet ist. Fraglich ist jedoch, ob jeder Anleger diese schnelle Orderausführung benötigt. Ein eher konservativer Anleger, der versucht, in mageren Börsenzeiten durch Covered Call Writing seine Renditen zu erhöhen, muss nicht unbedingt laufend über das aktuelle Marktgeschehen informiert sein. Wer hingegen mit Aktien- oder Zins-Futures jongliert, sollte nicht nur täglich, sondern minütlich in der Lage sein, den Markt zu beobachten und gegebenenfalls einzugreifen. In solchen Fällen ist ein Direkt-Broker mit schnellen Zugangswegen sicherlich die erste Wahl.

Keine Order ohne Limit!

Ein Kauf- beziehungsweise Verkaufsauftrag an der EUREX sollte grundsätzlich, wie übrigens jede andere Börsenorder auch, mit einem Limit versehen werden. Beim Kauf gibt dieses Limit den Preis an, den man maximal bezahlen, bei einem Verkauf den Preis, den man mindestens erzielen möchte. Wird ein Auftrag ohne Limit an die EUREX gegeben, eine so genannte Market-Order, so wird diese Order auf jeden Fall ausgeführt, egal zu welchem Preis. Bei liquiden Futures ist das in der Regel kein Problem, da hier so viel Umsatz herrscht, dass man beinahe immer mit einem fairen Preis abgerechnet wird. Bei Optionen gerade auf weniger bekannte, ausländische Werte jedoch ist trotz des Market-Maker-Prinzips nicht immer genügend Liquidität vorhanden, um bei einer Market-Order einen fairen Preis zu gewährleisten. Hier sollte immer mit einem Limit gearbeitet werden.

Geld- und Briefkurs

Wie erkennen Sie, welches Limit bei einer Order angemessen ist? Um diese Frage zu beantworten, schauen Sie sich die Preisnotierung einer beliebigen Option an:

1,78 Euro 1,95 Euro

Jedes Finanzinstrument besitzt an der Börse zwei Preise. Der linke Preis ist der so genannte Geld- oder Bid-Kurs, der rechte Preis ist der Brief- oder Ask-Kurs. Der Geldkurs, der in diesem Fall bei 1,78 Euro liegt, ist der höchste Kurs, zu dem ein Marktteilnehmer zum aktuellen Zeitpunkt kaufen will. Der Briefkurs von 1,95 Euro ist der niedrigste Kurs, zu dem ein Marktteilnehmer verkaufen möchte. Möchten Sie die Option sofort kaufen, so müssen Sie den derzeit niedrigsten Briefkurs von 1,95 Euro akzeptieren. Möchten Sie verkaufen, tun Sie dies zum aktuell höchsten Geldkurs von 1,78 Euro. In der Regel macht es aber Sinn, nicht sofort den geforderten Geld- oder Briefkurs zu akzeptieren, sondern sich irgendwo in die Mitte der beiden Kurse zu stellen. Statt die 1,95 Euro als Kaufpreis zu akzeptieren, können Sie Ihren Kaufauftrag mit einem Limit von 1,85 Euro limitieren. Nach der Eingabe der Order sähen Geld- und Briefkurs dann wie folgt aus:

1,85 Euro 1,95 Euro

Jetzt sind Sie der Marktteilnehmer, der am meisten für diese Option bezahlen möchte, und in der Regel sind die automatischen Quotingsysteme der Market

Maker so eingestellt, das sie eine gewisse Toleranz zeigen und nun ihren eigenen Briefkurs auf 1,85 reduzieren und das Geschäft somit zu Stande kommt.

Stop Orders

Neben der Limit-Order gibt es auch eine so genannte Stop Order. Diese Stop Order gilt für bereits im Depot befindliche Positionen und schützt vor unerwünschten Verlusten. Angenommen, Sie entscheiden sich, einen DAX-Future bei 6.000 Punkten zu kaufen. Gleichzeitig entscheiden Sie sich, im Falle eines zurückgehenden DAX die Position bei einem DAX-Future-Stand von 5.950 Punkten wieder zu schließen, um die Verluste zu begrenzen. Zu diesem Zweck geben wir nach dem Kauf des Futures eine Stop Order mit einem Limit von 5.950 Punkten in das EUREX-System ein. Im Falle eines sinkenden DAX geschieht nun Folgendes: Sobald ein DAX-Future mit einem Preis von 5.950 Punkten tatsächlich gehandelt wird, wird Ihr eigener Future sofort und ohne Limit zum Verkauf angeboten, und die Position wird geschlossen. Dabei ist wichtig zu beachten, dass der Verkaufspreis nicht zwangsläufig auch 5.950 Punkte betragen muss. Eine Stop Order wird bei ihrer »Auslösung« wie eine Market-Order behandelt und zum nächstmöglichen Kurs ausgeführt. Dieser Kurs kann über oder auch unter 5.950 Punkten liegen. Bei liquiden Instrumenten wie dem DAX-Future ist eine schnelle und faire Ausführung jedoch in der Regel gegeben. Das gleiche Prinzip funktioniert auch bei einer Short-Future-Position. Hier wird bei der Stop Order der Future-Stand angegeben, bei dem der Future zurückgekauft und die Position somit geschlossen wird. In einem solchen Fall würde das Stop Limit also oberhalb des augenblicklichen Future-Kurses liegen. Diese Stop-Limite sind nicht nur praktisch, sie erfüllen auch eine psychologische Funktion, da der Anleger schon frühzeitig festlegt, wann die »Reißleine« gezogen wird. Viele Verluste entstehen nämlich, weil sich der Investor nicht dazu durchringen kann, eine verlustreiche Position zu schließen und den Verlust somit zu realisieren. Eine Stop Order löst dieses Dilemma, weil sie selbstständig in Kraft tritt, wenn die Schmerzgrenze des Anlegers überschritten wird. In Kombination mit einer Limit-Order kann eine Stop Order auch das Überwachen einer Position deutlich zeitsparender machen. Zurück zum Beispiel des gekauften DAX-Futures bei 6.000 Punkten: Die Stop Order bei 5.950 Punkten ist ebenfalls eingestellt. Wird jetzt noch eine Verkaufsorder mit Limit bei, sagen wir, 6.200 Punkten in das EUREX-System eingestellt, kann der Investor theoretisch in Urlaub fahren, ohne sich weiterhin um die

Position kümmern zu müssen. Im Fall von sinkenden Kursen wird die Position bei einem Futures-Stand von 5.950 Punkten automatisch geschlossen und bei einer positiven Marktentwicklung bei einem Stand von 6.200 Punkten der entstandene Gewinn realisiert. Man muss allerdings beachten, dass Limite nach einer gewissen Zeit verfallen, wenn sie nicht ausgeführt worden sind. In der Regel werden am Ende eines Monats alle im System stehenden Limite automatisch gelöscht. Bereits bei Eingabe können Limite jedoch mit einer festen Laufzeit versehen werden.

Neben den bereits erwähnten Limit-Arten gibt es auch noch einige andere Variationen, auf die im Folgenden kurz eingegangen wird.

Weitere Limit-Arten

Good For Day (GFD)
Orders mit diesem Zusatz bleiben bis zum Ende des laufenden Börsentages im System. Konnten sie bis dahin nicht ausgeführt werden, werden sie automatisch gelöscht.

Good Till Cancelled (GTC)
Eine GTC-Order bleibt so lange im System der EUREX, bis sie ausgeführt oder gelöscht wird. Spätestens nach Verfall des entsprechenden Kontraktes oder ein Jahr nach ihrer Eingabe wird sie aber auch automatisch gelöscht.

Good Till Date (GTD)
Diese Order-Art wird mit einem Datum eingegeben, an dem die Order, so sie noch nicht ausgeführt wurde, automatisch gelöscht wird.

Fill or Kill (FOK)
Eine Fill-or-Kill-Order wird nur dann ausgeführt, wenn sie im Moment der Ordereingabe sofort und vollständig ausgeführt werden kann. Ist dies nicht möglich, weil beispielsweise nicht genügend Kontrakte zum gewünschten Limit angeboten werden, wird die komplette Order sofort gelöscht und auch nicht teilweise ausgeführt.

Immediate or Cancel (IOC)
Ähnlich wie bei einer Fill-or-Kill-Order wird eine IOC-Order sofort ausgeführt, soweit dies möglich ist. Ist eine vollständige Ausführung des Auftra-

ges jedoch nicht möglich, wird der noch nicht ausgeführte Rest der Order augenblicklich gelöscht.

Der EUREX Strategy Wizard

Seit einiger Zeit bietet die EUREX mit Hilfe des so genannten Strategy Wizards die Möglichkeit, Options- oder auch Future Spreads in einer Transaktion zu handeln. Hierbei gibt man beispielsweise für einen Call oder Put Spread nur den Gesamtpreis an, den man für die Kombination bezahlen möchte, und die Order wird ausgeführt, sobald die Summe der Preise der einzelnen Komponenten das gewünschte Limit erreicht hat.

simplified

Schlusswort

Wir, die Autoren, hoffen, die Lektüre dieses Buches war für Sie gleichermaßen interessant wie unterhaltsam. Sie wissen jetzt, was die EUREX ist, wie sie funktioniert, und vor allem haben Sie einen ersten Eindruck von der Funktionsweise der an der EUREX gehandelten Derivate bekommen. Es ist uns hoffentlich gelungen, Sie davon zu überzeugen, dass es sich bei Calls, Puts und Futures nicht um »Teufelszeug« handelt, sondern um Instrumente, die es auch und gerade dem Privatanleger ermöglichen, die eigene Marktmeinung viel präziser umzusetzen, als dies reinen Aktien- oder Anleiheninvestoren möglich ist. Kurioserweise sind es diese als riskant und gefährlich eingestuften Instrumente, die es dem Anleger erlauben, sein Risiko optimal zu steuern und zu beeinflussen.

Eine Garantie für »Millionen mit Optionen« kann und will dieses Buch nicht sein. Um an der Börse und speziell mit Derivaten dauerhaft Geld zu verdienen, bedarf es großer Erfahrung, einer guten Einschätzung des Marktes und vor allem: Disziplin. All das kann kein Buch wirklich vermitteln. Wir hoffen jedoch, dass Ihnen dieses Buch dabei geholfen hat zu verstehen, wie Sie durch den Einsatz von an der EUREX gehandelten Derivaten Ihr Anlageportfolio optimieren und Chancen nutzen können, die anderen Anlegern verschlossen sind.

Praxisratgeber Trading
TRADING ROOM
Derivaten
Die besten Anlagestrategien der Welt
Börsenkalender 2006
Bärenmarkt
AKTIEN STRATEGIEN
PORTFOLIO SELECTION
DEPOT-OPTIMIERUNG mit ZERTIFIKATEN
Erfolgreich investieren in Nebenwerte
DER KOLLAPS DES DOLLARS
mit Rohstoffen
CFDs
DIE MACHT DES GOLDES
MONEY MANAGEMENT
LARRY WILLIAMS
ENZYKLOPÄDIE DER TECHNISCHEN INDIKATOREN

Neue Wege
ERFOLGREICH
Tools & Tactics Master Trader
Markt und Meinung
GOLD
Wir schaffen das!
JIM ROGERS
ROHSTOFFE
Zukunftsmarkt Asien
GESCHLOSSENEN FONDS
TAGE DER ABRECHNUNG
Weltsichten Weitsichten
VALUE-INVESTING
Exchange Traded Funds
Mentale Börsenkompetenz
Der große CRASH 1929
TRUMP
Wie man reich wir
DONALD J. TRUMP
GEWINNEN BEGINNT INNEN
Behavioral Finance
Der ultimative TRADING-GUIDE
Hedge Fonds
Steve Nison
Technische Analyse mit Candlesticks
DER GROSSE INDEX GUIDE
Technische Kumulations Analyse

Christian Eck/MatthiasRiechert

Professionelles Eurex Trading

458 Seiten, Hardcover
Preis € 44,90 (D); € 46,20 (A); SFr 75,00
ISBN 3-89879-218-8

Das Buch vermittelt sowohl das Basiswissen für Optionen und Futures als auch die Tricks und Kniffe der Profis in den Investmentbanken. Alle relevanten Anlagestrategien für Daytrader und längerfristig ausgerichtete Investoren werden anhand zahlreicher praxisnaher Beispiele dargestellt.
Selbst programmierbare MS Excel Spreadsheets sowie die eigens für dieses Buch entwickelte easyOPTIONS Software unterstützen Sie bei der Auswahl von Strategien, Pricing und Chance-/Risikobewertung der vorgestellten Eurex-Produkte. Ganz nebenbei entwickeln Sie dabei das richtige Gefühl für den Markt.